Loren B.Belker　　Jim McCormick　　Gary S.Topchik

THE FIRST-TIME MANAGER

第 一 次 管 人

如何帮助零基础经理人
解决 95% 的管理难题

［美］洛伦·B.贝克尔
［美］吉姆·麦考密克
［美］加里·S.托普奇克　著
鲁申昊　译

本书谨献给所有致力于精进管理能力以实现自我提升和团队赋能的经理人。

第七版序

在过去的三十多年间,数以万计的读者因阅读本书而获益匪浅。作为本书的编写者之一,笔者深感荣幸。

笔者与本书的初次邂逅,是受美国管理协会出版社(AMACOM Books)之邀,参与本书第六版的修订工作。在拜读了经典原著后,笔者得出了四点体会:首先,原作质量上乘,是无数新晋经理人的良师益友;其次,每位经理人,无论资历深浅,均可借由本书提高管理能力;再次,笔者与原作的两名已故作者洛伦·贝尔克(Loren Belker)和加里·托普奇克(Gary Topchik)无论在管理哲学还是生活理念上都不谋而合,如果能与他们当面一叙,该是何等乐事;最后,参与修订这样一部杰作,令笔者感到压力山大,这无异于打磨一颗本已璀璨夺目的宝石。

对洛伦和加里两位作者的敬意,加上无法与之谋面的遗憾之情,令笔者更加深感有义务将这一作品继续发扬光大,力求在不破坏作品原汁原味的基础上,加入更多新鲜血液。套用艾萨克·牛顿爵士的话,如果说笔者对本书有什么贡献的话,"那是因为我站在了巨人的肩膀上"。

吉姆·麦考密克(Jim McCormick)

谨此

致　谢

在此，我要感谢我在职业生涯中接触和了解到的所有经理人，他们的管理能力各异，但都令我受益匪浅；感谢有幸共事过的所有团队成员，你们是我快乐和进步的源泉；感谢曾经聆听过我授课的经理人学员们，我为你们的雄心壮志和对知识的渴求而激赏不已；感谢编辑艾伦·凯丁（Ellen Kadin）将传承和发扬本书的重任托付于我；最后要感谢我的经纪人玛丽安·卡林奇（Maryann Karinch），在很多方面她甚至比我自己更了解我的个人能力。

吉姆·麦考密克

引　言

感谢您选择本书，这充分展现出您的卓尔不群，同时也清晰表明了您正迫切希望提升自己的管理能力，迫切希望精进个人专业技能，并渴望带领他人取得更多的职业成就。我们对您的这份热望表示赞许，本书就旨在协助您实现这些目标。

所谓"单丝不成线，独木不成林"。没有追随者就无法组织团队，没有团队就无法开展管理。本书所秉持的一个主旨思想是，领导有方的团队总是能比单打独斗的个人取得更优异的成果。正是基于这一理念，本书的编写也是由一个团队完成的。我们三位执笔者在不同的时期，以各自的方式承担起这一重任——倾尽所能为诸位新晋经理人或储备人才提供最佳指导。我们的通力合作让本书熠熠生辉，如果您能用心领会书中的各种真知灼见，那么也必将为自己带来更大的成就。

本书中的所有建议都围绕着两大核心要义：行动要深思熟虑，为人要有格局。无论任何时候，这二者都将是您无悔的选择。

目 录

第七版序　i

致　谢　iii

引　言　v

第一部分　履新经理人　1

　　第一章　走上管理岗位　3

　　第二章　踏上新征程　10

　　第三章　树立信心　24

　　第四章　表达赞赏　30

　　第五章　积极倾听　34

　　第六章　要做的事和要避的"坑"　43

　　第七章　与上司相处　49

　　第八章　选择自己的管理风格　62

第二部分　如何履职　69

　　第九章　打造团队精神　71

　　第十章　管理与领导　79

　　第十一章　管理问题员工　81

　　第十二章　招聘员工　90

　　第十三章　员工培训　110

　　第十四章　推动变革：化解阻力　120

　　第十五章　纪律惩戒　125

　　第十六章　解聘，多么艰难的决定　140

　　第十七章　职场不是法外之地　156

第三部分　合作、联络与风险管理　165

　　第十八章　信息分享　167

　　第十九章　人力资源部门　171

　　第二十章　谈谈忠诚　176

　　第二十一章　关于激励的二三事　179

　　第二十二章　风险倾向　191

　　第二十三章　鼓励担当和创新　200

　　第二十四章　改善业绩　208

　　第二十五章　代　沟　217

第二十六章　管理远程办公员工　226

第二十七章　办公场合与社交媒体　229

第四部分　岗位说明、绩效考核与薪酬管理　233

第二十八章　撰写岗位说明　235

第二十九章　开展绩效考核　239

第三十章　做好薪酬管理　260

第五部分　经理人的自我修养　271

第三十一章　培养情商　273

第三十二章　打造积极的"人设"　277

第三十三章　做好时间管理　307

第三十四章　强化文字功底　322

第三十五章　小道消息　329

第三十六章　授权，您的最佳拍档　332

第三十七章　培养幽默感　340

第三十八章　组织会议　345

第三十九章　登上讲坛——公开演讲与职业发展　361

第四十章　那些肢体语言告诉我们的基础知识　370

第六部分　爱工作，也要爱自己　375
　　第四十一章　应对压力　377
　　第四十二章　平衡工作与生活　383
　　第四十三章　经理人的风度　389

结　语　393

第一次管人
THE FIRST-TIME MANAGER

第一部分　履新经理人

　　欢迎加入经理人的行列。从此您将承担起一个既令人兴奋又极具挑战的角色。鉴于您需要管理的是"人"这一复杂到无以复加的系统综合体，因此成功的要诀在于如何尊重人、理解人和引导人。这与其说是一门科学，倒不如说是一门艺术。如果运筹得当，您将有机会在管理岗位上实现前所未有的辉煌成就。

第一章

走上管理岗位

晋升经理人的途径多种多样。

遗憾的是,许多公司在物色管理岗位人选时,并没有遵循一套缜密的流程。它们往往会将候选人在当前岗位上的表现作为唯一的评判依据。虽说优秀的士兵未必能成为优秀的将军,但许多公司仍然抱着"刻舟求剑"的想法,认为员工的历史表现足以昭示未来的成功,并基于这一理念选人用人。然而,当好一名经理人所需要的技能,与普通员工大不相同。

事实上,无论一位员工的历史表现多么亮眼,甚至已经在某些方面颇有建树,都无法保证其一定能够胜任经理人的岗位。这是因为,对经理人的管理能力的要求,相较对技术人员的业务能力的要求来说,会更高一些。经理人在关心业务的同时,还要更关注他人;在自强不息的同时,还要更倚仗他人。普通员工的成功之道在于专业领域内的精耕细作,而经理人则必须以团队为重,拥有开阔的视野。从很大程度上来说，普通员工之于经理人，有如技术大咖之于艺术家。管理是一项考验见微知著和主观能动性的工作，因此经理人需要以艺术家自居，并对思维模式进行相应改造。

管理未必是您的菜

某些公司会开设管理培训项目。这些项目的质量良莠不齐，而且很多情况下是为具有一定资历的经理人打造的。当然，即使是资深经理人，也应定期接受管理风格和技巧方面的进修培训。但是，那些有望踏上管理岗位的员工同样应当被纳入培训范围，如此才能真正体现出管理培训项目的价值。管理培训项目不仅能帮助准经理人们少走弯路，还能够让他们有机会认真思考自己是否适合管理岗位。如果某些经理人候选者在接受管理培训之后认清了自己并不适合从事管理工作，那么这种培训项目对其本人及其所在公司来说都是一件幸事。

遗憾的是，太多公司仍然奉行"放羊式"的管理培训风格，所有的新手经理人只能靠自己摸着石头过河。这种操作基于的假设是，每个人天生就知道如何管理。这显然是不符合实际情况的。任何公司的成败兴衰都与管理工作息息相关，然而很多公司的管理水平却如同抽盲盒一般充满随机性。稍微有些资历的员工可能都目睹过某些经理人因无法适应管理岗位而要求重操旧业的囧事。这让人联想到一句网红名言："轻易不要乱许愿，万一菩萨当了真。"在许多公司里，除了晋升管理层以外，几乎没有其他发展空间。这就导致某些不适合管理工作的人员不得不屈就于管理岗位——但凡还有其他升职加薪的机会，他们才不会想要当什么经理人呢。

曾有一家公司专门针对管理岗位的人员错配问题组织了一系列管理研讨会。所有有望晋升一线管理岗位的候选人都受邀参加了这种为期一天的管理研讨会，并在此期间接触一些简单而典型的案例。公司会告知每位与会者："如果您在参与研讨会后发现自己并不喜欢从事管理工作，那么不妨向我们坦白，这绝不会对您在当前岗位上可能获得的晋升和加薪机会产生任何不利影响。"

该系列研讨会共计吸引了约 500 位准经理人的参与，其中 20% 的参会人员打消了从事管理岗位的念头。也就是说，在经历了一番初探之后，有百余位准经理人意识到自己无法成为优秀的管理者，然而，这丝毫不影响他们继续在专业岗位上闪耀光芒。如果上述案例具有一定的代表性，那么我们可以推知的是，约有20%的新晋经理人其实对管理工作并不感冒。事实上，太多人仅仅是因为别无上升空间才不得已走上了管理岗位。

避免成为"大包大揽者"

有的人奉行事必躬亲。不过总是抱着这种思想而不懂得如何放权的话，是很难成为优秀经理人的。这种人并不少见，他们只会让别人处理一些鸡毛蒜皮的琐事，而将一切有价值的事务牢牢攥在自己手里。于是乎，他们只得没日没夜地加班，连节假日也落不着休息，走到哪里便把工作带到哪里。加班这种事情本无可非议，毕竟我们时不时也要在工作上多花些心思。然而作为一名经理人，如果把加班当作家常便饭的话，只能说明此人还不够优秀。不愿将重要事务托付他人，反映出此类经理人既不相信团队，又不懂得如何培育团队。

在此类经理人带领的团队中，人员流动可能会非常频繁。因为团队成员的能力往往会被"大包大揽者"严重低估，导致他们一旦厌倦了打杂的生活后便会转投他处。

您所在的公司内部可能也有这样的"大包大揽者"。在这种领导手下干活可不是件乐事。一方面，您很难获得提拔。

因为您几乎接触不到足以让自己崭露头角的重要任务。另一方面，"大包大揽者"也很少推举下属。因为他们总是将自己事必躬亲的原因归结为下属不够尽职，而非自己不肯放权。我们之所以要明确指出"大包大揽者"的弊端，就是为了提醒您避免这种行为模式。如果您发现自己只会交办一些琐碎的事务给下属，那么是时候重新审视一下自己的管理风格了。

"大包大揽者"还有一个典型的特点，那就是他们很少给自己放一个完整的假期。他们一次顶多休个两三天，因为他们认为公司一旦离了他们就要玩不转了。在休假之前，他们会明确指示团队，某某事项必须留待他们回来以后方能处理，以及在此期间一旦遇到重要情况，必须立刻通过电子邮件、短信或电话向他们汇报。"大包大揽者"甚至还会向自己的亲友们诉苦："公司里面一大堆破事，让我想清静两天都难。"然而他们只字不提的是，其实这恰恰是他们想要的生活方式，因为只有这样才会让他们感觉自己很重要。对于一些"大包大揽"的经理人来说，生活的所有乐趣都会随着退休时刻的到来戛然而止。没有了办公桌，没有了签字笔，他们的退休生活也就了无生趣了。

天选之子

有时候，某些与老板有特殊关系或私交甚密的员工会被提拔为部门领导。如果贵公司里并无此类现象，那可真是再好不过了。不过，即使您与老板关系再铁，也无助于提升自己的履职能力。您固然拥有一定的权力，但在现代企业中想要一手遮天可不太容易，员工们不会仅仅因为您是公司高层直接任命的管理者就对您俯首帖耳。因此，如果您是老板的嫡系，反倒更加需要证明自己的能力。事实上，您所拥有的特殊优势，会让同事们对您的表现寄予更高的期望，您必须让自己担负得起这一份看重——本该如此。也许大家表面上会尊重您，或者说尊重您的职位，但您需要正确看待——员工的口头恭维不重要，他们的内心评价才重要，因为后者会直接影响到团队的工作表现。

在优秀的公司中，经理人的选拔注重的不是专业知识，而是领导力，这也是您需要着重培养的能力。我们很难给"领导力"下一个明确的定义。在他人眼中，领导者既是目光如炬的领航员，又是算无遗策的"小诸葛"。因此您需要不断提升自己的判断力和决断力，而这种提升将会使您终身受益。随着决策能力不断被强化，您的自信心也将水涨船高，让您在面对各种棘手问题时变得更加果敢。

领导者应当目光长远，有预见性，还应排除主观干扰，以事实为依据。这并不意味着忽略人为因素——事实上这也难以忽略——而是要实事求是，不被个人主观好恶所左右；这也并不意味着完全不讲情面，而是避免因感情用事而跑偏方向。总之，荣获晋升的理由千千万万，如果您的理由足以服众，那么就更容易获得下属们的接受与支持。

第二章

踏上新征程

对您来说，开始履新的第一周将会是一段非比寻常的经历。如果您对人类行为学有所了解，您就会观察到一些奇妙的变化。

适应角色

请相信，不是所有人都乐见您的晋升。某些同事会对自己的落选耿耿于怀，对您充满羡慕嫉妒恨，并暗中企盼您把所有事情都搞砸。

有一些所谓的"职场应声虫"，会立刻开启对您的吹捧，因为他们已经将您视作成功路上的"带头大哥"。其实他们的主观目的倒也无可厚非，只是这种做法属实令人难堪。

还有一些同事会迫不及待地试探您。他们可能会抛出一些难题来观察您的反应，尤其是看您在不知道答案的时候是会大方承认还是不懂装懂。有些人会提出一些根本无法作答的问题，纯粹只是想要看您出洋相。

其余大多数人则会采取一种观望的态度，他们不会在第一时间攻击或赞扬您，而是坐观您的表现——这是一种比较健康的态度，而您也理应期待这样的同事越多越好。

一开始，同事们会拿您和您的前任做比较。如果您的前任比较糟糕，那么即使您平平无奇，也能给大家留下不错的第一印象。如果您的前任表现出众，那么您的处境就比较艰难了。乍看起来，接替一位差劲的前任似乎比较有利，不过再仔细想想，这种无能之辈会给您留下多少棘手问题呢？很可能正是这些烂摊子才导致其最终离任的呢。当然，如果您能够迎难而上，将这些疑难杂症一举攻克的话，那么回报也将十分丰厚。而如果您的前任能力超群，那么其很可能获得了进一步升迁，给您留下许多难以超越的历史纪录。无论是哪一种前任，您接手的担子都不会轻松。

您需要牢牢把握的第一个原则就是避免对当前的办公室生态做出雷霆改变（在某些情况下，公司高层可能会基于严峻的形势而督促您当机立断。但即便如此，您也应当在变革发生之前充分告知大家）。不管怎样，您都得沉得住气才行。请注意，大多数人都将变化视作某种威胁，并自觉或不自觉地进行抵制。因此，突如其来的变化往往会引发恐慌情绪和抵触行为，从而使您预期的改革成效大打折扣。

无论您在上任之初还是一段时间后，如果想要做出某种变革，那么请开诚布公地将新政的内容和必要性解释清楚。相比变革带来的困扰来说，对未知的恐惧更令人崩溃。当然，您不必赘述那些细枝末节，作为一名经理人，您应当有能力判断什么该说、什么不该说。总之，您在变革之际表现得越坦诚，就越容易帮助团队克服对变革的天然排斥。

在任何情况下，尤其是在实施新政时，请一定要做到以诚相待。如果您对新岗位的业务比较生疏，千万不要怯于承认，您的下属不会指望您无所不知，有时候他们只是在试探您是否值得信任。在一无所知的情况下想要蒙混过关可不是个好主意，这很容易让您的信誉大大受损。

所谓的"新官上任三把火"，是很容易给您拉仇恨的。除了会给团队制造不安情绪外，这也是一种目中无人的表现，更会被解读为您对前任的某种嘲讽。很多年少轻狂的新手经理人喜欢第一时间把弄自己新到手的权力，其结果往往是搬起石头砸自己的脚。所以您应当时刻谨记"克己"二字。请搞清楚状况，现在是您的下属正在考验您，而非相反。

履新初期是您展现领导姿态的理想时机。许多新手经理人能够与上司沟通顺畅，却很难跟下属聊到一块儿。然而您可能不知道的是，您的前途其实更多地掌握在下属而非上司的手中。因为对您的考核标准取决于团队表现，也即您的团队创造了多少价值，所以您的下属都是您职业生涯中举足轻重的贵人，其重要程度甚至超过了公司总裁——不管您信不信，反正我是信了。这种简单的道理似乎显而易见，然而许多新手经理人还是将绝大多数时间用于巴结领导，而对真正决定自己命运的下属却不屑一顾。

行使职权

许多新手经理人都容易在权力的运用上犯错，尤其是那些只接受过"放羊式"初任培训的经理人。这些错误的根源在于当事人盲目以为"有权就要趁热用，而且要大用特用"。这可能是新手经理人的一个最大误解。

事实上，您应当将权力视作某种稀缺资源，只有平时省着点用，到了关键时刻才不会捉襟见肘。

许多新手经理人甫一上任便开始颐指气使，俨然一副

"老大"的架势，殊不知这种做法非常糟糕。虽然同事们未必会当面表达不满，但背地里难免会对这种不着调的经理人嗤之以鼻："好家伙，有点权力就开始飘了。""太上头了。""瞧他那副小人得志的样子。"诸如此类。这岂不是在给自己挖坑吗？

对于经理人来说，平日里不要频繁"亮剑"，到了关键时刻才能让手中的权力发挥奇效。您的下属不会因为您不露声色就忘了您的身份，也不会因为您不打官腔就不服从您的指令。因此在绝大多数情况下，您根本无须刻意显露权威。

在艺术创作领域，有一个术语叫作"淡化"，颇有些"此时无声胜有声"的意味，在运用权力时亦是如此。比如采用请求的方式下达指令便是一种"淡化"处理，如果下属的反应不够积极，可再重申一次，随后才考虑施加一定权威。反之，如果您为了完成某项任务而无所不用其极，那么即使事后发觉自己用力过猛，也为时已晚。此后您再布置任何工作，所需施加的力道就只能增不能减了。

简言之，不要总想着动用权威，而要思考如何不怒自威，如此方能建立和巩固自己的正面形象。

与下属面谈

在上任的头两个月内,您应当筹划与每位下属进行一次面谈。不过最好不要安排在第一周,因为要给下属们一些时间适应您的出现。如果急于找他们谈话,很可能会让他们感到不安或压抑。等到时机成熟,再邀请他们来您办公室坐坐,抑或共进午餐或下午茶,闲聊一番。谈话时请注意点到为止,要知道首次面谈主要是听他们说,而不是让他们听您说。(您是否发现,越是高明的沟通者,越愿意聆听他人呢?)

尽管下属的个人情况也是非常重要的信息,但还是建议您将首次谈话的范围控制在工作领域。当然,有时这种界限并不总是泾渭分明,某些私事恰恰可能是影响员工表现的首要因素。不过不管怎样,一定不要对下属的私事说三道四。要知道,您只不过是他们的业务领导,而非生活导师。如果下属向您大倒苦水,您只需要耐心倾听即可,往往他们最需要的也只是找个人倾诉而已。

不要妄想用电子邮件或电话代替面谈。没有什么能比当面沟通取得的效果更佳,也没有什么能比当面沟通增进的感情更多。即使某些下属因出差在外而难以短期会面,您也应当与他们进行一次视频通话,并表明一有条件便会尽快安排面谈。

了解您的下属

与您的团队成员进行面谈的目的在于开辟上下级之间的沟通渠道。您应当对下属们关心的问题予以真切关注,并对他们各自的职业抱负了然于胸。您可以通过多提问题引导下属进一步展开话题,千万不要惺惺作态,因为您本就是出于关心员工福祉的目的才进行面谈的,这实际上是一种双赢。如果您可以帮助员工得偿所愿,他们也会为了您而更加卖力工作。您应当让下属们感到自己正在朝着目标迈进,这一点非常重要。

因此,在您与团队成员的早期沟通中,请让他们感受到您对他们的关心,并让他们知道您正致力于帮助他们取得成功,且十分乐意与他们一道解决工作中遇到的各种问题。请为您和团队成员之间的互动交流营造一种舒适的氛围,让他们在与您讨论问题时感觉轻松自然。日常小事多探讨,防微杜渐效果好。

不消太多时间,您便会发现对于一名经理人来说,人际交往能力远比业务能力要重要得多。因为经理人所需要处理的大部分问题都不是如何运用技术,而是如何与人周旋。除非您仅仅负责技术问题,否则您一定会发现,只要在为人处世方面具备强大优势,那么完全可以掩盖技术层面上的不足。反之,即使您的业务能力出类拔萃,如果不懂得与人打交道,那么仍然会步履维艰。

办公室友情

当您获得升迁后,某些昔日的职场密友可能会随之转变为您的下属。如何处理好此类关系,是很多新手经理人都要面临的一个问题:"当昔日的战友成了我的下属,我还能与他们称兄道弟吗?"

很显然,仅仅因为个人升迁而摒弃友情是不可取的。只不过,这种友情不应妨害到你们彼此的工作表现。

比如,您不应在处事原则上对某些旧友网开一面。事实上,真正拿您当朋友的下属,也一定会体谅您的两难处境。

请务必对您的"兄弟"和其他下属一视同仁。这意味着一方面,不可对其有所偏私;另一方面,亦不可为了撇清关系而刻意打压。

您固然有结交朋友的权利,但在职场上必须懂得避嫌。

作为一名新晋经理人，您需要明确，不偏不倚才是与团队成员相处的主基调。无论下属与您私交如何，您都应执行同样的评价指标、行为准则和责任清单，同时请谨记，有些行为在您看来仅仅是出于友善，但到了他人眼里可能就是某种偏袒。

您也许非常希望将部门里的某位旧友培养成为自己的心腹，不过切不可因此落人以"拉帮结派"的口实。事实上，厚此薄彼乃是经理人的大忌，如果您的确需要一位职场盟友，倒不如在其他部门的管理者中物色人选。

有时与其刻意保持距离，不如主动拉开距离。因此您可以考虑劝说旧友调往其他部门，这也许是珍惜和保护你们之间真挚友谊的最佳方案。

部门重组

随着时间的推移，您可能会考虑改良部门的组织架构。不过，除非您对每位团队成员的个人和工作情况都了如指掌，否则最好不要操之过急。鉴于部门重组会给整个团队带来巨大压力，因此切勿频繁操作，而且要做就必须一炮打响。这并不是说您不可以进行纠偏，但是谁愿意从一开始就走错方向呢？

在研究管理层级时，您需要特别注意直接管辖的下属数量。这一人数便是您的"控制范围"。最近数十年来，在信息科技的加持下，各种公司的管理层级越来越少、经理人的管理范围越来越宽。这种组织架构的扁平化已经取得了不少成果，如果运作得当，将会大大提升沟通效率和决策质量。但即便如此，在组织架构扁平化改造的过程中，还是得多加权衡才行。

许多新手经理人都会陷入管理范围过宽的误区。这种操作并无难度，毕竟绝大多数员工都希望有机会和部门经理说上话——不但能近距离接触管理层，而且感觉很有面子。不过问题在于，您的个人精力有限，如果直接管辖的人员过多，难免会应接不暇。因此在考虑管理范围时，一定要谨记"过犹不及"。那些管理范围过宽的经理人，他们的办公室门口总是挤满了前来汇报工作的下属；他们的邮件箱里总是堆满了来自下属的未读邮件；他们每天都会被下属五花八门的诉求和问题弄得应接不暇，却又难以面面俱到，只能过一天算一天，更别提抽出时间考虑长远规划了。总之，管得过宽，反倒是给自己添乱。

那么什么样的管理范围才是最理想的呢？您需要考虑一系列变量。首先是与直接下属的物理距离。如果下属们离得不远，数量稍微多些倒是无妨，毕竟可以随叫随到，沟通起来也比较方便。其次是下属的工作经验。办事老练的下属一般都比较省心，而新入职、新转岗或接手新业务的下属则会（至少在一定时期内）占用您更多的时间。

在此介绍一条不错的经验法则，即您应当将直接下属的数量控制在可以每周与所有人碰头一次的范围之内。这里所谓的碰头指的是一对一的形式，面谈或视频通话均可，但必须是一对一、面对面的，而非全体会议。在此基础上，再考虑到您还需要分配时间处理其他要务，因此直接下属的人数以不超过5个为宜。如此一来，只要您乐意，每个工作日均可安排与一位直接下属碰头。

请不要轻易放弃与下属碰头的机会，这可是促成高效管理的关键之举。如果您的直接下属每周都能与您碰一次面，他们便可以将相关事项积攒起来集中汇报。这种模式相比动辄召开全体会议、临时通话或是发消息和邮件沟通，要高效得多。

如果您无法保证与下属定期当面沟通，那么他们稍微遇到一些事情便会拉住您不放。这种做法会带来两个弊端：一是大量的临时事务蜂拥而至，严重挤占了您原本可用于深思熟虑的时间；二是给您平添了许多不必要的行政负担。但如果您与直接下属之间建立起每周定期碰头的机制，并让他们养成集中汇报工作的习惯，那么您很快便会惊喜地发现，下属们已经开始学会自己解决问题，而非大事小事都来找您做主。

情绪控制

您的一颦一笑都牵动着下属。您越是喜怒无常，下属就越是如履薄冰。成熟的经理人应当懂得如何管理情绪——这里所说的成熟与年龄大小无关。不过，有时候适当发发脾气也有助于推进工作，但前提是您要展现出真性情，而非一味装腔作势。

我们每个人都有可能因为生活中的某些烦心事而影响到工作的心情。许多管理学书籍都建议我们要公私分明，不要把个人问题带到工作中。这种观点未免有点儿太过天真，试问有多少人能够做到如此超脱，工作时完全不受个人情绪的左右呢？

尽管如此,我们还是应当尽可能消弭个人问题对工作的影响,这是毫无疑问的。要做到这一点,首先要正视自己的情绪问题,及其对个人工作和团队合作可能产生的影响,如此一来便可避免同事们遭受池鱼之殃。如果您在与下属共同处理某件要事的过程中心有所扰,不妨直截了当告诉下属:"今天我的心情不太好,如果不小心发火的话,请多多包涵。"相信您的这番坦诚一定会令下属刮目相看,同时亦可避免他们因怀疑自己在某方面冒犯到了您而增加不必要的心理负担。

千万不要以为别人参不透您的情绪变化。阴晴不定的情绪状况对您的工作效率大为不利。此外,您的下属也会察言观色,他们会在您即将发作之前主动回避,待您情绪重新高涨时再行接近。

情感管理

作为一名经理人,您应当努力做到"不以物喜,不以己悲"。不过如果您的情感过于冰冷,完全喜怒不形于色的话,也未必是件好事。如果员工认为您总是在刻意掩饰自己,那么他们也很难对您推心置腹。

当然,保持冷静则是另一回事,也是十分有利的。冷静的头脑,尤其是在逆境中的一份淡定,将使您的思路更加清晰,有助于打开各种不利局面。不过,在保持冷静的同时,您也应表现出丰富的情感,否则大家会觉得您只是一个不近人情的管理机器。

想要成为一名优秀的经理人,您必须关心他人。倒不是说要像慈善人士或社区工作者那样四处传播爱心,但如果您乐于与团队成员们相处,并对他们表示充分尊重和理解,那么您的工作效率反倒会比那些只关心业务的管理者更高。

事实上,这种情况也反映出许多公司在选人用人方面存在的一大问题,也即他们倾向于提拔工作效率最高的员工。此类员工之所以高效,很可能源自他们"以任务为导向"的价值观。但如果将此类员工推上管理岗位,那么他们并不会自然而然就变得"以人为本"。

第三章

树立信心

树立信心是一个循序渐进的过程，您的主要目标是让下属变得更自信，同时也更信任您。您要努力成为下属眼中既有能力，人品又好的好领导。

习惯成功

培养员工的自信并非易事，您要做的是帮助他们开辟一条成功的路径。越成功，越自信。作为管理者，您应当首先让下属从事足以胜任的工作，尤其对于新员工来说，应当让他们从力所能及的事情开始。哪怕是鸡毛蒜皮的小事，哪怕是微不足道的胜利，久而久之都可以让他们对成功习以为常。

有时候，下属也会出点儿纰漏，或是捅出些娄子。而您的处理方式会对他们的自信心产生深远影响。请注意，不要在公众场合指摘下属。我们常说要"大声表扬，小声批评"，这个道理在管理时同样适用。

即使在批评下属时，也应本着亡羊补牢的原则。您对于犯错误的态度比任何话术都更能触动下属。批评应当重在纠错纠偏，而非针对个人。言谈举止间切勿流露出对下属能力的质疑，要知道您是在培养而非破坏他们的自信。如果痛斥下属的无能可以使您获得快感，那么您可得好好检讨一下自己的心态了。通过贬低他人来抬高自己可不是什么光彩的事情。总之，剖析错误要深刻，改正错误要彻底，应保持一份平常心，小题大做不可取。

顺便一提的是，"公开表扬"这种做法看似普遍适用，但在职场中也可能引发一些问题。被表扬者的心情有多好，其他人的心情就有多糟，这种负面反馈很容易引发一系列矛盾。此外还有一种情况，就是当着团队所有成员的面单独表扬某人，也可能会让当事人感到不适。所以说，公开表扬亦需慎之又慎，千万不要让好好的一个团队被成员之间的相互嫉恨给毁了。如果您确实想要奖励某位员工的优异表现，不妨邀其来您办公室单独受赏。如此一来既起到了褒奖的效果，又避免了在团队内部引发醋意。当然，如果您的团队成员亲密无间，彼此欣赏、彼此成就，那么公开的犒赏将会令整个团队士气向上。

综上，我们可以总结出一条新的准则："表扬要因人而异（取决于个人实际情况以及团队氛围），批评要注意私密。"

让团队成员参与决策，也是提升他们信心的有效方法。您不必正式授权，只需要在一些与员工切身相关的问题（比如某些新业务的运作）上广泛听取他们的建议（比如如何让新业务更好地融入日常工作）即可。

征求员工意见的行为，也是在向团队成员表明，您十分重视他们的想法和意见。同时，您本人也会因此受益。因为您的团队成员可能掌握了更多的一手情况，也可能在某些方面比您考虑得更为周全。

需要强调的是，您需要对下属的意见表现出真切的关注。如果让他们感觉您行事敷衍，那么此举不但白白浪费时间，而且很容易破坏团队对您的信任。

当然，您在征求意见时可能会遇到一个问题，也即有些意见不太有用。那么作为经理人，首先应当表明您充分理解并尊重这些意见，然后再简要解释一下对这些意见不予采纳的原因。这一过程中，切勿对该意见及其提供者展开批评或表达不满。

有了这样的团队参与为基础，新项目会更容易获得成功。因为这是集思广益的成果，而非个人独断专行。这并不等于让员工替您做决定，而是通过邀请员工参与决策的方式，取得他们的合作与支持，并非将事情强加给他们。这种做法可以更好地促进认同、减少抵触。

完美主义之弊

有些经理人希望员工做到尽善尽美。尽管他们也知道这是一种奢望，但仍坚持认为只要要求更严，员工表现就会更好。遗憾的是，对于完美主义的执念，很可能会导致南辕北辙的结果。有些员工为了避免出错，会下意识地降低自己的工作效率，以确保不出差池，从而造成生产力和员工信心的双双走低。

完美主义者自带招黑体质，很容易开罪身边的人。比如您的直接下属会认为您难以取悦，而您也在不停地证明给他们看。对完美主义的坚持就是对下属信心的摧残，而且您应当十分清楚公司制订的员工表现合格标准。您对卓越的追求是无可非议的，但也不能一厢情愿，而应多与下属共同探讨如何提高工作质量。下属的参与度越高，您的目标才越容易达成。

您也可以通过在部门内部塑造某种团队精神提振员工信心。不过请确保您所推崇的精神与公司的主流价值观相互契合，而非有所冲突。

信心贵过黄金

作为经理人，您应当允许下属犯错，帮助他们改进，给予他们表扬和认可，鼓励他们参与决策，并摒弃完美主义的想法，这些都有利于信心的培养。除此之外，您还可以：

- 与团队成员分享公司和部门的愿景。让他们明确公司和部门的目标，以及如何通过共同努力达成这些目标。

- 向每位员工下达明确的指示。这表明您对目标及其实现路径了然于胸。

- 与大家分享您个人的成功和失败案例。这有利于拉近您与团队成员之间的距离，且让他们感受到您的真诚。

- 与每位团队成员谈心，了解他们的工作动机，表达您对他们的关心,以及愿意帮助他们在职业发展上取得进步。

除了上述方法外,您还可以想一些其他的好主意,所有这些都将有助于营造一个充满信任的环境。

第四章

表达赞赏

在第三章中，我们强调了给予员工正面反馈或表扬的重要性，这是激励员工以及营造积极工作氛围的最佳途径之一。许多经理人从不表扬下属，这种做法是不可取的。对下属予以表扬，表明您对他们的一举一动十分关心，并让他们觉得自己的工作受到了重视。想想看，说两句表扬的话只需要几秒钟时间，且不花一分钱，但大多数员工对其却十分受用。在表扬方式上，您可以选择当面表扬，亦可通过电话、电子邮件或短信等形式来表扬。其中，最好的方式自然是当面表扬，但如果员工出差在外，或是无法及时碰面，那么就在电话、电子邮件或短信里表达赞赏吧。使用短信的一个好处是随发随收，即时性很强，而且大多数人在收到新短信后都会忍不住立刻打开查看。

有些经理人从未受到过表扬，因此也从不表扬他人。不过您可以从称赞他人开始，结束这种恶性循环。还有些经理人认为，员工拿了工资就应该好好干活，没有理由再给予额外表扬。这种逻辑并不恰当，要知道如果员工受到了表扬，可能会表现得更加出色。而且表扬员工既不费时，也不费力，何乐而不为呢？作为经理人，您的目标是激励团队成员发挥出最强实力，在恰当的时机、以恰当的方式表达应有的赞美，就是一种重要的激励方式。

许多经理人（尤其是新手经理人）在表扬他人时会觉得浑身不自在。这也没什么奇怪的，毕竟表扬他人也算是一种新技能，为了能够更加自如地运用这项技能，您必须多加练习，熟能生巧。以下是表扬或表达赞赏时的一些注意事项：

- **内容要具体**：如果您提倡某些行为，那么在给予正面反馈时就要具体点明。您的表扬内容越具体，相关行为便越容易获得强化。因此不要只是说："上周干得不错。"而应该说："上周那桩棘手的项目，你的判断准确、手腕灵活，处理得真不错。"
- **介绍相关影响**：大多数员工都希望了解自己的工作与团队、部门及至整个公司的战略目标或宏观规划之间具有怎样的对应关系。如果员工的某些贡献的确推动了大局的进展，那么请让他们了解相关的积极影响。

- 适可而止：有些经理人喜欢走极端，给予了员工过多的正面反馈。这种做法反而会削弱反馈效果，也会让赞美本身显得虚情假意。表扬的话要说在点上，且适可而止，否则便毫无意义。

实用技巧

在此介绍表扬或赞赏员工的两步法：首先，具体描述那些值得表扬的行为或表现。例如"你新设计的产品目录封面可真赞"。然后，进一步说明表扬的原因及对业务的影响。例如"这一新设计将有助于提高我们的销售量"。

为了强调表达赞赏的重要性，不妨再来看一个案例。在一场 30 人规模的管理研讨会上，我们探讨了以下两个问题：

1. 您所见过最开明的管理行为是什么？
2. 您所见过最糟糕的管理行为是什么？

不出意料的是，几乎所有的回答都涉及员工的某些表现是否获得了应有的褒扬。而令人惊讶的是，员工们在这一问题上所流露出的情感竟会如此强烈。

其中有一个答案非常经典：一位年轻的员工深情回忆起有一天，经理让他把一辆皮卡开到远在 80 公里外的一个维修站进行大修。当天他回到家时已是晚上 10 点半，此时电话突然响起，听筒的那头正是他的经理："我就是想看看你有没有平安到家，外头的天气可不太好。"那位经理甚至提都没提检修情况，表明他对这位年轻人的能力充分信任。尽管这件事已经过去五年多了，这位年轻人还是对它记忆犹新。

美国的一家大型企业曾做过一次民意调查，请员工对各种职场因素进行重要度排序。结果"工资薪酬"仅排名第六，而排名第一，且遥遥领先其他选项的则是"获得应有的表扬"。

如果您认为获得上司的赞赏十分重要，那么也应意识到它对您的下属来说同样重要。如果您的下属干得不错，那么千万不要吝惜赞美之词。表达欣赏，无论对您还是公司来说都百利而无一害。许多时候，它甚至比金钱更有价值。

第五章

积极倾听

优秀管理者的成功秘诀之一就是积极倾听，也即让对方知道其所表达的信息有被接收到。要做到这一点，您需要让自己全情投入、核实观点、提出问题、总结大意，并适当运用眼神和语调暗示。学会积极倾听，您就是一位高明的倾听者。

新晋经理人应当注重自己的沟通和倾听能力。许多新手经理人都有一个错误的观念，以为管理者只消向下属发号施令即可，这种想法还真是够呛。事实上，作为经理人，越善于倾听，才会越成功。那么多少倾听量才足够呢？就入门而言，先要保证自己所听的量是所说的两倍。

积极倾听是新晋经理人最宝贵的特质之一。原因在于：首先，积极倾听多了，夸夸其谈就少了，您便不会给人留下一种"自以为是"的印象；其次，通过多听少说，您会获得更多的信息和真知灼见，这是自顾自侃侃而谈所不能及的。

然而，大多数人都不太懂得积极倾听。对此，我们有必要深入了解背后的原因。

糟糕的倾听者

许多人都觉得世界上最动听的声音就是自己的声音，这声音如同天籁般美妙，他们怎么听也听不够，还要和别人一起分享。这些人通常只在乎自己说的话而不重视他人的表达。事实上，大多数人都能够清楚地回忆起自己曾经说过的话，但对别人说的内容的记忆就比较模糊。因为他们只是选择性地聆听，而大部分的精力则用于思考如何让自己口吐莲花——积极的倾听者可不是这样。

强烈推荐您在百忙之中学习并牢记本章的中心思想：*一名优秀的经理人，首先是一名积极的倾听者。*

许多经理人，无论资历深浅，往往都是说得太多，听得太少。说话只是在输出信息，只有倾听才能获得信息。许多新手经理人都认为，作为领导，他们说的每句话都应当被下属奉为圭臬。但实际上，您越是喋喋不休，大家就越有可能感到厌烦，甚至对您避之唯恐不及。反之，您越是善于倾听，就越能有所收获，也越懂得尊重他人的想法、经验和意见。应当如何选择显而易见,尤其是对从事管理工作的经理人来说。

另一个影响积极倾听的因素即所谓的"理解力差距"。大多数人的说话速度在每分钟80到120个词之间,取平均值的话则为每分钟100个词。但是人的理解力却远高于此。特别是接受过快速阅读训练的人,他们甚至可以每分钟理解上千个词。如果说话者每分钟说100个词,而倾听者每分钟却能理解1000个词,那么二者相差的900个词便导致了理解力差距。基于这一原理,每分钟100个词的说话速度根本无须倾听者全神贯注,所以我们常常会开小差,想想别的事情,时不时再回头看看说话者讲到哪里了。在会议或演讲过程中,常常能看到台下听众正在查看电子邮件或短信。虽然他们看上去有些三心二意,但是很多人的确可以做到并行不悖。只不过,如果我们关注自己的事情胜过聆听他人,那么可能得过很久时间才能回过神来。

每个人都有被倾听的需求。如果我们能够成为积极的倾听者,那该是多么大的善举啊。一个懂得倾听的经理人,对于整个团队来说乃是一个巨大的福音。

积极的倾听者

您可以通过培养某些特质和技能，让自己成为一名积极的倾听者。首先是鼓励对方说话。积极的倾听者不会将话题转到自己身上，而是会顺着对方的话题进一步展开。他们会利用某些话术或肢体语言表达他们对当前的话题很感兴趣。

与说话者进行眼神交流，是一种表达兴趣的方式。有时还可通过点头的方式来表示理解。微笑则是在告诉对方您正乐在其中。

在和员工讨论问题时，您可能会心有旁骛，但请不要任其发展下去。当对方发表意见时，可以试着让自己预测一下该意见后续的思路推演，以及可能出现的问题。如果有人提出了解决方案，可以试着想想还有没有其他选项。理想情况下，您应当聚精会神地聆听对方。不过既然理解力差距造成的分心难以避免，那么您就应当主动控制杂念，让自己保持专注而非心猿意马。

如果您在聆听时，脑海中始终萦绕着某些想法，那么不妨先中断一下谈话，告诉对方："不好意思，请给我两分钟时间理理思路，接着再听你讲。"然后，您可以将这些挥之不去的想法先写在纸上，随后再重返对话。这将有助于您在谈话过程中更加专注,也避免让对方通过某些征兆察觉出您心不在焉。

如果您在聆听过程中对某个问题感到介怀,总是想着如何找机会做出回应,那么就很难做到积极倾听。这种情况下,您同样可以借鉴上述处理方法,不失礼貌地打断谈话,记录下自己的想法,然后继续聆听。

聆听过程中,您还可以不失时机地抛出一些个人观点,以表达对该话题的浓厚兴趣:

- "太有趣了。"
- "然后呢?"
- "您觉得他为什么会说那种话?"
- "您怎么会这么看呢?"

事实上,单凭"太有趣了,然后呢"这一句话,便足以让每个谈话对象都认可您是一位高明的沟通者。

积极倾听的最高境界是能够将听到的内容加以复述。这种做法的优势在于,首先它清晰地表明了您对该谈话非常投入;其次它极大地降低了可能出现的理解偏差。

您可以选择在聆听完某个重要观点之后提示对方："您看我可否这样理解？"然后开始复述您所听到的内容，末了再征询一下对方的意见。一通操作下来，您便向对方明确表达了自己的重视态度。

想要成为一名积极的倾听者，必须注意遣词用句、面部表情、语音语调三者之间的相辅相成，也即这三种沟通形式所传达的意思应当保持一致。如果您嘴上说着"太有趣了，然后呢"，脸上却眉头紧皱，语调间还透着一股讽刺，那么肯定会让对方不知所措。另一种紊乱表达的情况是，虽然嘴上连连称是，却目光游离、神情恍惚，心思早已飘到九霄云外，这种聆听者怎么看也不像是对话题真正感兴趣的样子。

如何结束谈话

一旦您树立了一个"优质倾听者"的形象，员工们便会纷至沓来找您谈心。有些人可能会滔滔不绝，太不把自己当外人，甚至为了与您谈话而影响工作。因此您需要为您的管理工具箱配备一些能够及时喊停对话的外交辞令。

稍微有些工作经验的人几乎都对以下一些逐客令耳熟能详：

- "感谢您的来访。"
- "很高兴与您对话。"
- "这次谈话给了我很大的启发。"
- "让我考虑一下，随后给您答复。"

您或许还听到过其他一些更含蓄的逐客技巧，对此您应当多加留意，万一您的上司在您面前施展这些技巧，您便可以立刻心领神会。同时，您本人也应当学会适时运用这些技巧。

如果您与某人在其办公室内交谈，期间电话铃明明没有响，对方却突然伸出手搭在电话机上，那便是一种暗示，仿佛在说："希望您早点儿离开，我还有个电话要打。"还有一种情况是，对方突然拿起一份材料，谈话的时候不时瞥两眼，那便是在说："请尽快离开，我还有事情要处理。"

谈话过程中，突然将椅子转向一旁，做出起身的架势，也是一种逐客的方式。如果客人不解风情，那么主人会干脆站起身来。这种方式虽然有些太过直接，但能够明确传达用意，所以还是有必要掌握的。

个别情况下，员工可能会聊得太嗨，以至于忽略了所有暗示。这时您可能就不得不把话挑明:"今天与您相谈甚欢,但我们各自还有工作要做,不然就先到这儿吧。"如果谈话对象对您所有的暗示都无动于衷,那么直截了当地结束对话也算不上无礼之举。

如果您事先就知道某位员工不怎么有眼力见儿,那么可以从一开始就与其确定好时间期限,如果这次谈不完,就再约时间。您会发现这种做法非常有效,来者通常都会在规定时间内把话阐明。

了解各种结束谈话的技巧是非常重要的,还有很多技巧有待您的探索。不同的人有不同的处理风格,您也可以自成一派。当然,最好的办法还是让对话本身变得更有意义,这样我们便不会为了如何结束交谈而煞费苦心。

倾听技巧小结

酒逢知己千杯少。人们总是喜欢和兴趣相投的人相处,良好的倾听能力可以在您工作和生活中的诸多方面发挥作用。有趣的是,很多人会为了取悦他人而学习如何更好地倾听,这种态度没什么错。哪位领导不喜欢自己被下属拥戴呢?又有哪位下属不喜欢自己被领导善待呢?

善于倾听可以带来多方共赢的局面。一开始您可能需要对各种积极倾听的技巧多加练习，不过久而久之它们便会演化成您的第二本能。起初您可能会觉得自己像是在演戏，但用不了多久这种"表演"就会完全内化于心：随着您对各种倾听技巧的日渐熟稔，身边的人会越来越愿意与您相处，您也会越来越享受这种受欢迎的感觉。与此同时，您的管理能力也会获得进一步提升。

第六章

要做的事和要避的"坑"

经理人究竟要做些什么?

对于这一问题的解读是多样化的,而其中最具指导意义的,莫过于"像演员对待角色一样对待管理工作"。作为一名经理人,您需要扮演众多角色——教练、标准制订者、绩效评价者、导师、拉拉队队长、造梦者等。您需要根据不同的情境和目标扮演不同的角色。常常有人这样建议新手经理人:"不管怎样,做自己就好。"这可真不是个好主意。倘若如此,您便白白放弃了通过灵活切换不同角色的方式提升自己管理成效的可能性。

许多新手经理人常犯的另一个错误,便是将自己定位为单纯的指导者——不断叮嘱别人该做什么、怎么做、不做完不行。这也许是您工作的一部分,有时甚至不可或缺,然而从长期来看,真正能够带领自己和下属走向成功的做法,是培养下属的自我引导能力。这意味着您需要赢得下属的支持和拥护，适当放权，并尽可能消除各种有碍成功的不利因素。

经理人的主要职责

大多数管理学专家都认为，无论从事哪种工作，也无论领导哪种团队，经理人的身上都担负着一系列既定职责，主要包括招聘、沟通、策划、组织、培训、监督、考核以及解聘等。想要做好管理工作，就要对这些职责熟稔于心。关于上述八项职责的介绍贯穿本书全文，首先让我们依次了解一下它们各自的定义：

1. 招聘：物色具备一定能力或潜力、充满自信和敬业精神、足以胜任工作的人才；
2. 沟通：与您的员工分享公司的愿景、目标和宗旨，以及来自部门、单位、团队或业界的最新信息；
3. 策划：为实现部门和公司的目标而设计相应的行动路线；
4. 组织：确定每项任务或项目所需的资源以及人员分工；
5. 培训：对每位员工的工作能力进行评估并寻找差距，然后提供相应的指导以补缺补差；

6. 监督：确保项目的顺利推进和员工按部就班完成任务；

7. 考核：对团队成员的表现进行测评，提供有价值的反馈，并判断个人绩效是否达标；

8. 解聘：将表现不佳或对团队不利的员工解除职务。

体恤下属

关心下属的需求是做好管理工作的重要手段。有些经理人错误地认为，太为下属着想会显得自己不够强势。殊不知，发自内心地关怀下属恰恰体现出您过人的管理能力，而且"体恤"下属绝不等于"迁就"下属。遗憾的是，许多新手经理人都没能意识到这一事实，因为他们无法分清什么是体恤，什么是懦弱。

当然，您对下属的体恤必须真心实意而非矫揉造作。那么何谓真心体恤呢？一言以蔽之，就是要做到知人善用、赏罚分明以及评价得当。

光是盲目乐观地自诩为"好好先生"可不行，您必须对您的下属以及整个团队切实负起责任。事实上，您与团队之间是一种双向责任关系，您必须确保公司目标和员工目标一致。必须让您的下属认识到，只有让公司欣欣向荣，才能让自己迈向成功。

而对于您来说，您是整个团队的主心骨，是将公司宏观战略和整体目标转化为员工具体实践的魔法师。您的一大重要职责就是与团队成员分享信息。千万不要让员工蒙在鼓里，因为那样对您开展工作没有任何好处。如果您什么事情都选择藏着掖着，那么下属不但会认为您不够尊重和支持他们，而且会设法通过其他途径填补信息空白，这期间难免会被某些道听途说或不实信息所误导。

避"坑"指南

大多数经理人在刚走上管理岗位时管辖的人员并不多，所以很可能会直接插手下属的工作。不过随着您的不断升迁，下属越来越多，您便再也无法事无巨细地一一过问。所以从一开始，您便应当让自己从细枝末节中抽离出来，着眼于全局考量。

新手经理人还很容易犯的一个错误是，格外重视自己曾经从事过的业务领域。孤芳自赏乃是人之常情，不过这绝非管理之道，因为它违背了平衡原则。您不能仅仅因为老本行对您来说更加熟悉和亲切就对它偏爱有加。

通常来说，您的第一份管理工作可能是项目经理之类的岗位负责人，既要管理员工，又要操办一些具体事务，身兼二任。在这种情况下，您当然还是得适当关注细节操作。不过，当您晋升为全职经理人时，便不能再带有业务偏好，别让以前的工作习惯影响到您的大局观。

当然，凡事也不能太过绝对。有些人成为管理者以后，便对员工的疾苦不闻不问。在员工忙死忙活的时候，他们却捧着管理学经典袖手旁观，还以为这就是管理，实在是有些愚昧。事实上，如果您能够在关键时刻挺身而出，与下属并肩战斗共渡难关，将会与员工建立起更加良好的关系。

对于经理人来说，还有个最大的管理误区就是——只派活，不赋权。对此您是否也曾有过亲身经历？您是否也曾在未获得足够赋权的情况下被上司要求履行某种职责？权责不对等的结果，要么是完不成任务，要么是不得不追加授权，因为从一开始您就被丢进了一个死胡同里。

当然，您的上司可能并非刻意为之，只是考虑欠妥而已。所以您需要引以为鉴，在给自己的下属安排工作时，请先考虑一下是否给予了足够的授权。如有必要，甚至应当为此专门探讨一番。

作为经理人，下属的成功便是您的成功，而帮助下属取得成功的关键一步，便是在分配任务的同时给予充分授权。

平衡之道

管理工作讲究的是对平衡度的把握。有的经理人嘴上经常念叨着："我是把控全局的人，没工夫搭理琐事。"而且这种人还不在少数。他们是如此"以大局为重"，以至于对构成大局的所有细节，以及达成这些细节需要花费多少努力都视若无睹。

另一个极端则是，包括许多从一线岗位提拔上来的新手经理人在内的一些管理者，过分强调细节，以至于一叶障目，不见泰山。以上两种极端情况都不可取，正确的做法是把握好平衡之道。

第七章

与上司相处

第六章探讨的是应当如何对待下属,而如何与上司搞好关系也同样重要。经理人的成功,是上司与下属共同成就的结果。

如果您获得了一次关键性的提拔,您一定会对大老板不胜感激,同时也庆幸自己得到了直系领导的赏识。不过,随着您的职位上升,您对公司也应表现出更高的忠诚度。因为您已经进入了管理层,只有更深度地认可公司,才能更有效地与管理团队融为一体。

忠于上司

当今世界,对老板死心塌地的员工可不多见。我们从不提倡盲目忠诚,但也绝不应当将忠心耿耿视为出卖灵魂。大多数老板创办企业,都不是为了招摇撞骗。如果您不幸遇到了"江湖骗子",请立刻与其划清界限,这种败类根本不值得您错付。

现在让我们合理假设您从事的是一门正当职业，并且乐意为之奋斗，那么您所应具备的忠诚便是指在符合道德操守的前提下，对公司政策或决定的坚决执行。如果公司要求您在职责范围内提出某些决策建议，那么您在发表看法之前必须经过深思熟虑和通盘考量。一些目光短浅的经理人只会从自身角度出发提出建议。这种建议不足采信，而其本人也会因为格局不够而渐渐丧失话语权。

如果您提出的建议高屋建瓴，且对公司的发展大为有利，那么您的意见会得到越来越多的重视和关注。这里需要强调的是，建议的含金量与职位大小无关，即使是最低阶的经理人，也完全有可能对公司决策做出巨大贡献。

有时候，上司也会做出一些与您的建议截然相反的决策，而这不应影响您对该决策的坚决支持乃至亲自实施。如果您有任何疑问，可以请求上司予以解释，表明您希望了解该决策背后的个中缘由，以便更好地执行命令，借此发现究竟是哪些考量因素和流程环节影响了最终决策。

虽然盲目服从上司的理念于今已不合时宜，但许多经理人乃至高管仍然希望下属都对自己服服帖帖。

只要您致力于不断提高管理工作质量，您就有权利了解公司重大决策和政策背后的深层原因。不过也许您的上司会紧跟更高层领导的步伐，对相关信息守口如瓶，甚至将您视作某种威胁。

如果真的发生了这种情况，那么他们无疑犯了第六章中提到的错误，也即刻意制造信息鸿沟。这里要再次强调，这一鸿沟是可以弥补的，只不过这回需要您亲自出马了，话说与不愿分享情报的上司共事可真是够倒霉的。如果您想要了解的某项政策同时涉及其他部门，那么不妨试着找相关部门的同级人员打探一番。没准某位朋友所在部门的领导更愿意分享信息，所以从其那里了解情况可能会更容易一些。

履行职责

为了和上司建立良好的关系，您在与其共事和沟通的过程中，应当履行好以下职责：

- 及时向上司汇报您的行动计划和项目进展；
- 留意上司的时间安排，并在其方便时与其当面会谈；
- 为汇报做好充分准备，清晰而客观地阐明自己的观点和关注点，并提供充分的例证支撑；
- 虚心听取上司的见解。您的上司在经验和情报方面的优势，可能会让您的想法有所转变。

上司难处怎么办

这个世界并不完美，您在职业生涯中可能会遇到一些管理水平欠佳或难以相处的上司。遗憾的是，即使再怎么希望这些人从公司消失，您也无权开除他们。

坦白来说，首先您必须弄清楚，为什么一位"难搞"的上司能够长期把持权力？如果全公司的人都知道此人难以共事，为何高层还会对这一情况不管不问？

反过来，如果其他人都对这位上司风评不错，唯独您与其处不来，那就是另外一回事儿了。如果您刚融入该部门，那么不妨"让子弹先飞"一会儿，先别急着下结论，也许眼下的问题会随着您工作状态和心态渐入佳境而自行消解。最终您可能会发现，这只是行事风格不同产生的摩擦，而非原则问题。

如果您的上司确实总是在给您和团队制造麻烦，那么您也不得不考虑采取一些灵活的反制措施。根据公司政策环境和文化的不同，您可采取的最佳策略也不尽相同。首先您应当在第一时间与上司直接沟通，指出问题所在，以专业而婉转的方式帮助上司分析其某些言行、手段或政策将对公司的发展带来何种不利影响。请您本着为公司而非个人着想的立场，用不带评判的态度，心平气和地与上司展开对话。例如您可以说："（这种做法）可能会对工作效率的进一步提升产生影响。"

举例来说，如果您的上司对您的下属做出了与您截然相反的指令，从而导致交货延期或客户投诉——影响到了公司的基本运营——那么即使话不中听，您也应当直言不讳地向上司指出这一问题。

有些上司可能并没有意识到自己有时会帮倒忙，所以他们需要得到足够的反馈，而您要做的则是定期与上司会面，并讨论重要问题。即使上司对这种会面不太重视，您也应当坚持并向其说明，一个良好的定期沟通机制将有助于及时化解问题和提高工作效率。

顺带一提的是，即使公司没有为您指派职业导师，您也应当在公司内部自行寻找一位德高望重且消息灵通的人士持续为您指点迷津和提供信息。

假设您的上司不喜欢从言纳谏，那么又当如何呢？这种情况下，可能就得从公司政策和文化层面想想办法，或者求助于您的导师，也即第三方的介入。比如您上司的同级、您的好友，或是人力资源部门人员——如果他们声誉不错且处事公正的话。万不得已时，您可能必须冒险越级上报大老板，请其介入。不过切记，一旦这么做的话，便等于和上司彻底撕破脸面。所以这是没有办法的办法——为了团队和整个公司的利益，您也只能出此下策。

除此之外，您还有最后一招。既然这位上司如此难缠，而且多年以来大家都听之任之、无人能管，那么继续在其手下委曲求全，反而不利于个人发展。所以您可能需要认真考虑换个部门，或是干脆换家公司。

劣币驱逐良币

当遇到经济下行的时候，很多公司会利用员工不敢轻易离职的心态，进一步压榨他们。这种做法相当短视，原因如下：首先，能力优秀的员工无论在哪种经济环境下都很容易找到工作，只有资质平平的员工才不敢随意跳槽。所以上述不着调的做法，只会导致劣币驱逐良币的现象愈演愈烈，让公司不断走向平庸。其次，越是艰难时刻，公司就越应珍视和感激包括优秀经理人在内的所有员工，这样才能让整个公司更具竞争力。一个礼贤下士、爱才如命的公司，在任何时候都会比一个仅仅把人当作生产机器的公司更胜一筹。长远来看，一个只懂得压榨员工的公司，很难获得好的发展前景。

如果公司无法保持善治，那么各路人才便会避之唯恐不及。这个道理看起来简单，但许多新手经理人却每每上演着"屠龙者终成恶龙"的故事。他们也许学习过很多人性化的管理方式，但在实际工作中却仍旧我行我素。在"多年的媳妇熬成婆"以后，他们也迫不及待地想让别人尝尝受压迫的滋味。

从这种魔鬼上司那里吃过的苦、受过的罪，都是为了让自己引以为鉴，而非重蹈覆辙。己所不欲，勿施于人。如果您曾经为自己摊上一个差劲的上司而叫苦不迭，那么就应当果断选择在您手上结束这一切，这绝对称得上功德一件。

了解上司的管理风格

市面上流传着大量关于如何"管理老板"的书籍和文章，这些作品全都基于一个同样的大前提，如果您对上司的性格特质了如指掌，那么便可以在工作和沟通方式上投其所好，从而达到"管理领导"的效果。简言之，与上司的风格合拍，便可以事半而功倍。

管理者的性格特质一般可以分为四大基本类型。有些老板独具某种风格，有些则是两到三种风格的混合体。请参照下文描述，试着分辨一下您上司的对应风格。如果能够准确识别，那么您便开启了与上司成功共事的第一步。

- 专断型：此类管理者喜欢掌控一切，雷厉风行又固执己见。他们做事有条不紊，以结果为导向。他们的管理风格是"顺我者昌，逆我者亡"，他们的行为路径是"打哪指哪"（而非通常的"指哪打哪"）。如果您的上司是一位独断专行者，那么在与其沟通时请注意直截了当，以事实为依据，并不折不扣地执行指令。有时候，某些专断型的上司会刻意塑造一种海纳百川的形象，在决策过程中广泛听取团队意见。分辨此类人物的关键在于关注结果而非过程——也许在剥开层层表象后，您会发现他们骨子里流淌的还是独断专行的血液。

- 缜密型：此类管理者善于分析思考，在决策前会花大量时间收集信息和数据。他们做事四平八稳，很有规律性，过于追求精准。如果让他们去打靶，那么他们可能会一直处于瞄准状态，迟迟不肯射击。他们不爱做决策，只喜欢不断收集新信息。如果您与缜密型上司共事，请一定要耐得住性子，理解他们对决策信息全面性的偏执。在您提出意见或建议时，请确保做好周密分析，并能够在逻辑上自圆其说。

- 激情型：此类管理者风趣幽默、魅力四射，似乎与每个人的关系都不错。他们精力旺盛、富有创意且好胜心强。然而他们往往言过其实，做事容易虎头蛇尾。他们更热衷于"谈工作"而非"做工作"。在与激情型上司沟通时，一定要练就三寸不烂之舌，陪他们一起畅聊人生与家庭。如果不让他们聊得尽兴，那么工作就很难开展了。

- 协调型：此类管理者具有强烈的奉献精神，是一位忠实可靠、耐心细致、通情达理又善于化解矛盾的团队领导，在他们手下干活会惬意无比。不过他们的致命缺点是回避冲突，安于现状。工作中，他们总是把

"没问题"挂在嘴边，而其实他们更看重的是人文关怀。他们对员工的关心支持无微不至，崇尚"利他"而非"利己"。与协调型上司共事时，尤其要注意情感交流和团队合作，这将对您大有帮助。

表 7-1 梳理汇总了上述四种性格特质。

表 7-1 管理者风格

专断型	缜密型
·控制欲强	·善于分析
·直截了当	·情报至上
·决策果断	·追求精准
·条理清晰	·决策迟缓
·就事论事	·支持下属
激情型	协调型
·幽默风趣	·忠诚敬业
·长袖善舞	·耐心体贴
·精力旺盛	·回避冲突
·缺乏后劲	·安于现状
·沟通欲强	·讲求合作

请注意每个分类中最后一行的描述，这些提示有助于您更好地与相应风格的上司打交道。

契合上司的行为偏好

日常工作中，如果能试着让自己的行事风格与上司的行为偏好相契合，那么你们之间的合作将会变得更顺利。举例来说，如果您的上司喜欢抓大放小，那么就不要与其计较细节，否则只会让你们二人都下不来台；同样，如果您的上司细致入微，那么您每次向其汇报之前都必须做足功课，否则很可能会因为细节不足而被驳回再议，而您本人也可能给其留下"工作不上心"的印象。

为了更好地契合上司的行为偏好，以下四个重要方面值得您加以关注：

- 上司处理信息的方式；
- 上司对细节的追求程度；
- 上司对即时性的要求，也即更偏好实时获取一手信息还是稍后获取分析处理过的信息；
- 上司感兴趣和不感兴趣的话题。

表 7-2 将有助于您梳理这些因素。

表 7-2　管理者的个人偏好	
信息处理方式	细节要求
·口头汇报 ·书面提交 ·图文并茂 ·演示呈现	·细节丰富 ·框架要点 ·总体概念
时效要求	兴趣点
·第一时间 ·宁缺毋滥 ·定期获取	·兴趣话题 ·无感话题 ·内在"痛点"

请仔细通读图中内容，并根据您对上司的印象对号入座。如有必要，您甚至可以与上司开诚布公地讨论这一话题。这种做法将传递出一个明确的信号，即您十分重视上司的行为偏好，并致力于促成有效的沟通互动。从现在起，您应当将上司的行为偏好牢记于心，并在日后相处中灵活运用。

这一技巧并不局限于您的直接上司，公司里其他所有的合作对象均可适用。您可以利用前文介绍的判断标准进行分辨,并相应调整自己的行为策略。如此一来,您会让自己变得越来越机敏、高效、无往不利。

第八章

选择自己的管理风格

回顾公司管理史我们不难发现，专断型和协调型两种管理风格占据了主导地位。时至今日，优秀的经理人都了解两种以上的管理风格，且深谙风格切换之道。在进一步讨论所谓的"感应式"管理风格之前，先让我们深入了解一下专断型和协调型两种管理风格。

专断者与协调者

难以置信的是，一言堂式的经理人至今仍活跃在许多公司内部，对此我们不得不思考一下个中缘由。部分原因可能是许多经理人并没有接受过良好的培训，导致他们只能自寻出路，按照自己的想法行事，从而很容易基于"老板"的立场考虑问题。有些专断者还会认为待人温和是一种示弱的表现，容易被员工"吃定"。

另一种可能的原因是，选择协调型的管理路线需要花费更多时间：不但需要向员工交代任务内容，还要跟他们解释相关原因。相比之下独断专行就没那么麻烦，只需向员工摆出"说一不二"的架势即可。而协调型的经理人则会意识到，只有让员工更加了解任务的来龙去脉，他们才能做得更好。

专断者事无巨细都要掌控。他们将员工视为执行命令的机器人，只要自己按一下启动按钮，员工便迅速行动起来，然后就大功告成了；协调者则明白磨刀不误砍柴工，事先与员工充分沟通，将会给任务的顺利执行带来莫大帮助。

专断者制造恐惧，协调者赢得尊重——甚至是某种爱戴。专断者的下属往往会在私底下怨声载道："总有一天我要让这个混蛋得到报应。"而协调者则会让下属心悦诚服："我们头儿对我们恩遇有加，我们唯他马首是瞻。"

专断者视协调者为懦夫，而协调者则视专断者为暴君。在权力运用方面，专断者滥权，而协调者慎权。

在员工心目中，专断者是发号施令的长官，而协调者则是同舟共济的伙伴。

感应式管理

作为一名新晋经理人，您需要采取"感应式"的管理风格。为了做到这一点,您必须针对不同的员工采取不同程度的控制和激励手段。

所谓"控制"是指:

- 明确目标
- 传授方法
- 督办任务

所谓"激励"是指:

- 鼓舞士气
- 听取反馈
- 介入过程

有些员工需要予以高度的控制和激励,而有些无须外部驱动,还有一些则介于二者之间。为了更好地做到感应式管理,您必须对每位员工的需求(也即需要给予他们多大程度的控制或激励)了然于胸。

实际上,员工对控制或激励手段的需求量,主要取决于工作性质和部门环境。比如，某位员工刚刚上手操作一台新设备，那么便需要大量控制手段介入；再比如，公司内部疯传缩编减员的消息，那么就得多多激励您的团队成员。

以下列表反映了不同类型的员工在控制和激励需求方面的差异，请对照此表检视一下自己是否"感应"到了员工的实际需求。

- A 类员工：上进心强，但缺乏成功所需的知识技能，对其您应当以加强控制为主；
- B 类员工：工作不够积极，但具备足够的专业技能，对其您应当多加激励；
- C 类员工：工作能力和态度俱佳，对其您无须太过控制和激励；
- D 类员工：工作能力欠佳，斗志低下，对其您应当施加大量控制和激励手段；
- E 类员工：工作能力平庸，状态不温不火，对其您应当给予适当的控制和激励。

评估员工表现

为了更有效地控制和激励团队成员，您首先需要基于两大标准（也即"工作态度"和"专业技能"）对员工的表现加以评估。在评估完成后，请将每位员工的评估结果标注在一张坐标图中。该坐标的纵轴是"工作态度"，越往上，表明工作积极性越高；横轴是"专业技能"，越往右，表明工作能力越强。

相机抉择

如图 8-1 所示，根据每位员工在图中所处的位置，您可相机制订不同的应对之策。越靠近左部区域的人，越需要控制措施；而越靠近底部区域的人，则越需要激励措施。

接下来，让我们通过一个具体案例来进一步锻炼您的"感应力"。假设您是一家电信公司的一名大型项目经理人，您的手下有一位名叫安迪的员工，他喜欢独立执行任务，凡事都由自己一手操办，并且非常热爱本职工作。他的业绩出众，在客户群中也享有盛誉。然而，随着该项目的推进，您发现他在与其他团队成员一起参与计划、沟通与决策的过程中总是显得格格不入。此外，安迪对团队合作不屑一顾，认

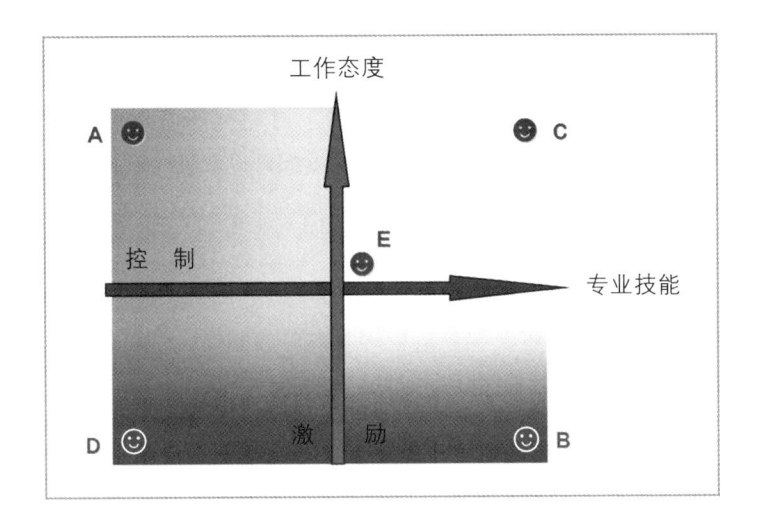

图 8-1　五类员工的坐标位置

为这完全是在浪费时间。他也曾表达过对于参与该项目的各种不快。

　　以上，根据您的主观感应，安迪属于哪种类型（A～E）的员工？而作为他的经理，您又该采取哪些措施呢？答案就是：尽管安迪在应付日常工作时经验老到，但在您的项目中却还不够成熟。他在原有岗位上很可能属于 C 类员工，不过在您这儿只能被归为 D 类员工，因此他需要您给予一定的控制和激励。具体而言，他需要在团队合作方面得到您的指导，并在工作方式转型方面得到您的支持。

在此提供一条轻松提升管理能力的建议：每隔几天，利用上班路上的时间，思考一下您的每一位直接下属在不同的任务和项目中分属哪些类型？然后发挥您的感应力，想一想他们是否需要您的帮助。如果您已经采取了相应的措施，那么就再完美不过；如果您尚未行动，那么请下定决心做出改变。本条建议也许会为您的管理生涯带来重大转变，赶紧试试吧。

管理要随机应变

没有任何一种管理风格是放之四海而皆准的。您需要根据实际情况切换不同的管理风格。比如说，当面临一个十万火急而又不能出任何差池的任务时，您可能就需要比平时更加专断强势才行。

相反，如果是在一个重大项目的启动阶段，需要所有团队成员在工作方式上达成一致，那么您便不应过多干涉，以免影响大家寻求共识。假以时日，您会形成自己的一套基本管理风格。不过在某些场合下，您还是需要根据具体情况和问题随机应变。

第一次管人
THE FIRST-TIME MANAGER

第二部分　如何履职

作为一名经理人，您需要善于发现和培养人才。您就好比一支竞技团队的教练，成功的要诀在于不断招募精兵强将，并将他们训练得更加优秀。

第九章

打造团队精神

近些年来，通过团队合作推进工作已经成为很多公司的常规操作。这一现象的背后有着诸多原因，其一是协同效应，大量的工作实践证明，团队群策群力比个人单打独斗更具优势；其二是随着通信技术的日益进步和信息的爆发式增长，经理人相较于员工在情报和专业技能方面的优势已经不再。因此在许多职业领域，经理人都需要将专业能力远胜于自己的员工纳入麾下。而在这种情况下，是很难向员工提供具体业务指导的，于是经理人的作用便在于支持和引导员工自行解决问题。

如果您致力于让团队取得成功，并体现最大价值，那么就需要打造一种团队精神。所谓团队精神是指，团队成员为了完成任务或达成目标，以相互依赖和相互支持的方式开展工作的意愿和能力。以下六大要素是打造团队精神所必需的：

1. 开诚布公；
2. 充分赋权；
3. 职责明确；
4. 目标清晰；
5. 领导得力；
6. 赏罚分明。

开诚布公

试想一下以下场景：一名即将上任的新手经理人跟随导师一起，前往考察一家制造公司的卓越团队。新手经理人刚踏进该团队的办公室，便向导师惊呼道："天哪，他们怎么一直吵个不停，这可真是个混乱的团队！"而经验老到的导师则回答道："看仔细了，这可是个优秀的团队。"

新手经理人又观察了好几分钟，这才明白导师的意思。原来这支团队正在为如何更好地改良产品而争执不下，而这种冲突和摩擦往往是一种积极信号，表明团队成员对工作任务充满热忱，且成员彼此之间开诚布公，这便是一种团队精神！

充分赋权

赋予团队成员在职责范围内自主行事的权力，是培育强大团队精神的有效途径（当然，您可能需要在时间、预算、手段等方面做出一定限制）。一旦团队成员被赋予了最终决策权，那么他们便会表现得更加自信、友爱、活力满满。不过在赋权之前，请确保整个团队已经做好准备，否则可能会引发恶果。许多新手经理人为了迎合团队，在毫无准备的情况下突然放权，结果酿成大错。

职责明确

您的每一位团队成员是否都对自己以及他人（包括作为管理者的您）的职责了如指掌？职责明确意味着团队成员对自己和其他同事建立了相应的行为预期，并清楚知道在工作中遇到何事可以向谁寻求帮助。所有这些都对塑造高效的团队精神大有帮助。

目标清晰

请确保您的每一位团队成员都对团队和整个公司的目标烂熟于心。至于目标的表述，请尽可能言简意赅，若能浓缩成一句话最佳，例如："我们的目标是帮助客户以最低成本获得准确及时、富有价值的市场数据。"这句话简明扼要，非常完美。团队目标一旦确立，您就必须让每位团队成员都明确了解并倒背如流。您还可以将团队目标展示在各种醒目的位置，比如印在各种会议材料的页眉、页脚，或是显示在内部电邮的签名区域。

笔者在一次赴新加坡为当地一些新晋经理人讲授本书课程时，邂逅了一个有关"目标清晰"的杰出案例。那是一家位于市中心的大型酒店，在其员工入口处，竖立着一排约三十厘米高的霓虹灯牌，文字大意为"为客人创造难忘的入住体验"。这一明确表述很可能就是该酒店所有员工的共同目标。我为这样一条简洁易记的目标背后所凝聚的巧思而赞叹不已。后来，我又从该酒店的官方网站上了解到，上述文字反映的正是该公司的企业愿景，普遍适用于该公司遍布全球三大洲的三十多处地产。难怪这家酒店能够获得如此之高的网络评分了。

设定清晰的目标为何如此重要？因为它能够让每个人心往一处想、劲往一处使。它为每个人的决策和行动提供了一套统一的标准，也即"该决策或行为结果是否对团队目标有利"。

如果答案是肯定的，那么便付诸实施；反之，则立刻喊停。

设定清晰的目标将有助于促成一系列积极成果：

- 团队成员更加懂得自主决策；
- 需要提交您亲自处理的琐事会越来越少；
- 做决策更加高效；
- 公司运作更具灵活性，能够更好地适应形势变化；
- 公司变得更加高效。

当然，有时团队成员会面临一些模棱两可的情况，难以一眼看出是否对目标有利，这就需要交由您来拿主意了。不过通常情况下，只要目标足够清晰，员工都可在其引导下顺利推进日常工作。

作为经理人，在对您的团队及相关职责有了充分了解后，您应当与团队成员一起制订一条简洁明了的目标口号，从而助力打造一个充满活力而又锐意进取的团队精神。

领导得力

请仔细阅读以下所列各项，检视一下自己做到了哪些事项，并就尚未涉及的事项制订行动计划。当您解锁了所有事项后，对于高效团队精神的打造也就水到渠成了。具体来说，作为经理人，您应当做到：

- 为团队及每位成员设定清晰的目标；
- 为有需要的员工提供明确指导；
- 与团队分享自己的成功和失误经验；
- 在与团队沟通的过程中输出正能量；
- 不断给予团队及成员积极和具有建设性的反馈意见；
- 利用一点一滴的成功增强团队凝聚力；
- 言出必行；
- 通过奖励等方式表达您和团队对员工的感谢之情；
- 在您与团队之间建立一种建设性的关系，相向而行；
- 通过鼓励创新、创造，让团队和公司变得更好；
- 鼓励自力更生和专业发展；
- 鼓励团队成员在产生分歧时勇于表达自己的观点，并与他们分享您的看法；
- 帮助团队从公司、客户和社区的角度出发，找准自己的定位。

赏罚分明

打造强大团队精神的最后一个因素是建立有效的奖惩机制，这是公司和经理人共同的责任。许多公司大力宣扬团队精神，办公大楼里四处张贴着描绘团队成员工作在一起、玩在一起的诱人海报，公司的使命宣言一般都是"打造最佳团队"云云。不过当一个个员工真的组成团队以后，却仍然缺乏团队合作精神，原因何在呢？这很可能是因为公司和经理人并没有将团队合作提升到员工责任的高度，也没有因为员工表现出合作精神而给予相应奖励。

如果您真心希望员工为了公司的共同利益而精诚合作，那么就不能仅仅针对员工的个人表现进行评估、打分和给予绩效奖励，还应考虑他们对团队的贡献。只要让团队成员明白团队合作也是一项重要的考核内容，他们便会迅速意识到团队的重要性，这可比那些花里胡哨的海报要有效得多！同样，您也应当在奖励制度中沿用上述思路，即在嘉奖时综合考虑员工的个人绩效和团队贡献。

有些经理人声称，对于团队成员的奖励"不患寡而患不均"，如果区别对待的话，可能会影响到团队的整体表现。对此，笔者建议这些经理人观察一下成功的职业竞技团队的做法，这些团队中一部分队员因为其特殊作用或贡献而获得了更高的报酬，这种做法有效提升了团队活力。许多成功而高效的工作团队亦是如此，个别成员会因为其特殊贡献而享有更高薪酬或特别奖励，这对于增强团队精神和活力的效果同样立竿见影。

第十章

管理与领导

人们常常会将"管理"和"领导"这两个词进行同义替代,这种做法虽然情有可原,但会导致二者之间一个重要的区别遭到忽略。作为经理人,您需要兼顾管理与领导,但首先您必须明确了解二者之间的区别。

一言以蔽之,管理侧重于控制,而领导则侧重于激励。表 10-1 展示了这一区别。

表 10-1　管理与领导	
管理	领导
·自上而下	·自下而上
·结构性强	·非结构化
·关注方法	·关注异常
·发号施令	·循循善诱
·重在纠偏	·重在支持
·明确路径	·明确目标

熟练掌握领导技巧，是经理人不断成长的标志，也是您应当为之奋斗的目标之一。随着员工队伍受教育程度、信息获取能力以及流动性的日益提升，作为经理人，如果无法在领导方式上做到与时俱进，便会让自己处于不利地位。

第十一章

管理问题员工

并非所有员工都能够胜任工作。对于表现欠佳的员工，可能需要给予额外培训、岗位调整，或是干脆直接开除。很多情况下，大型公司里的经理人喜欢将问题员工转岗到其他部门。不过，除非您确信该员工在新的部门能够如鱼得水，否则这种祸水东引的做法对于"接盘"的部门经理来说是不公平的。更有甚者，某些经理人竟然会故意提拔表现糟糕的员工，而仅仅是为了摆脱他们。在回答其他部门经理关于当事员工真实表现的询问时，此类经理人则会有所保留，并不总是如实相告。笔者认为，对于这种情况，唯一正确的做法就是要开诚布公。因为有朝一日您可能也需要从其他部门物色和提拔员工进入自己部门，只有自己平时不耍阴谋诡计，才能避免日后遭人报复。

以下一名新手经理人的遭遇可能会对您有所启发。这位经理人部门内某个岗位出现了空缺，他首先通过绩效评价，从所有下级员工中物色了三位候选人，然后再依惯例致电这些候选人所在部门的经理征询意见。其中一位候选人得到了举荐人的大力推荐，于是该经理人便将其招入麾下，谁知却铸成大错。由于该员工的表现一塌糊涂，该经理人不得不仓促开除了他。然后这位新手经理人对自己受骗一事愤愤不平，前去找该员工的举荐人讨要说法，结果却得知对方只是想趁机甩掉一个包袱员工而已。这种欺诈行为，导致新手经理人不得不为收拾残局而做了大量脏活累活。

显然，这种做法将会激起受害人强烈的报复欲。所以，破局之策就是谁都不要首先使诈。毕竟在公司内部冤冤相报对任何人都没有好处，如果您坚持如此，很可能最终会搬起石头砸自己的脚。

重塑改造

在所有当事人知情的前提下，可以尝试重塑改造问题员工。在上述案例中，如果问题员工的前部门经理能够与新手经理人坦诚沟通，告知对方该员工虽然表现不够理想，但仍有充分的理由给他一次改进机会，那么新手经理人没准还会接纳该员工。曾经有许多类似的尝试都获得了成功。有些时候问题并非员工无能,而是岗位错配。如果能够适当调整岗位,让员工的特长有用武之地,那么便有望将问题员工转变为业务能手。

不过一般来说,领导有方的经理人会尽量将自己部门的问题在内部消化,而非推卸给其他部门。如今很多公司会利用一些测试手段(从5分钟的简易测试到3小时的复杂心理测试,繁简不一)进行人岗匹配。无论贵公司是否已经引入这种做法,都建议一试。需要再次强调的是,您必须意识到,只有将员工匹配至最合适的岗位,才能让其获得最有利的成功机会,而且调整岗位的方法比让员工继续待在表现不佳的岗位上接受您的"教育培训"要容易和有效得多。

严重的个人问题

某些下属的个人问题会妨害到他们的出勤和工作表现。作为经理人,您切不可对下属的酗酒、吸毒行为或严重的家庭变故采取事不关己的态度。

不过,您也不能认为自己身为经理人,就有能力处理所有问题。许多开明的公司已经认识到员工个人问题的重要性,并相应实施了各种员工关爱计划。这些计划通常是与当地社区合作开展的，也有一些规模较大的公司能够独立提供现场服务。员工关爱计划可以提供许多专业资源，帮助员工开展药物依赖（毒瘾）治疗，指导员工获取各种社区服务等。

　　作为经理人，切勿动用自己的手段和资源包办员工的所有问题，更不能勉强处理超出您个人能力范围的事项，否则可能会让情况变得更糟。身为经理人，您应当在合理的职权范围内确保公司业务的顺利完成。员工的个人问题固然不可坐视不理，因为这不但影响到工作目标的实现，而且涉及人道主义援助。但是仅凭您一己之力，是很难给出专业而有效的解决方案的。

　　此外，以美国为例，大多数州都制定了相关法律，明确规定经理人不具备提供个人问题建议的资质。以下援引若干年前发生在盐湖城一家电脑制造公司的事件作为案例。该公司一名流水线工人的迟到率接近50%，有时甚至会迟到40到50分钟之久，随之而来的是其工作业绩的迅速下滑。这种情况持续了数周之后，经理与其谈及这一问题，该员工深表歉意，并解释道她儿子的托儿所经常很晚开门，她必须等到儿子顺利入园才能放心赶来上班，并且她还整天担心儿子在托儿所里过得不好，从而影响到了工作状态。

经理在得知此事后，便回应道："听我的，把你的孩子送到我家孩子所在的托儿所，那里早一个小时开园，你便不会再迟到了，也不用再担心托育质量。强烈建议你这么做。"于是该员工便听从了经理的建议。结果她的儿子后来在新的托儿所中遭遇了不幸（具体细节不便展开）。该员工随即将该公司告上法庭，并在法律顾问的协助下胜诉。

法院裁定称，经理人没有资格对员工的个人生活提出建议。实际上，该经理应当将该员工介绍给人力资源部门或员工关爱计划等合规机构，至于是否需要更换托儿所则完全取决于员工本人意愿。当然，这并不意味着您可以对员工的个人困难不闻不问。请记住，在工作之外，所有的团队成员，家家都有本难念的经，他们都为了工作做出了许多妥协。

有时候您可能需要与问题员工进行坦率的沟通，不过请首先明确您的总体目标应当是理顺工作问题，而非越俎代庖插手员工的私事，毕竟解铃还须系铃人（当然您可以引导员工通过员工关爱计划等渠道获取帮助）。您还须清晰无误地表明，如果员工的个人问题迟迟得不到解决，那么他们可能会被迫离职。注意您的语言和措辞要尽量委婉温和，但态度一定要坚定，以免引起误解。

您应当善于倾听，但同时也应避免与问题员工的交流占用彼此大量的工作时间。做一名积极的倾听者是一回事，而让员工放下工作来您办公室喋喋不休好几个小时又是另一回事。

在您的管理生涯中，您或早或晚都会接触到各种想象得到和想象不到的员工问题。生活在这个大千世界，每个人都会遇到一些不可思议的问题，涉及配偶、同伴、子女、父母、恋人、同事、自我、宗教、饮食、人生价值等。在处理这些脆弱的人性问题时，只要把握一条基本原则，便可以为您省去无尽烦恼，那就是：**不要发表个人意见**。专心解决工作问题，并就员工寻求相关资源的帮助提供指导。在某些情况下，您可能需要勒令员工尽快解决个人问题，因为这已经严重影响到了他们的工作表现。

如何应对刺头

在您晋升为经理人后，必然会接触到形形色色的员工，其中有些人可能会比较难缠。在与这些人打交道时，您得学会见招拆招。如果您对这些刺头听之任之，那么无异于默许他们的出格行为；与此同时，其他下属也会认为您不具备克制硬茬儿的能力或意愿，从而对您丧失信心。

面对刺头员工的挑衅行为，您的最佳策略是直截了当地指出他们存在哪些失范行为，以及为何需要做出改变。同时，您要给予对方申辩的机会，因为某些异常行为的背后可能隐藏着各种苦衷。接下来就是促使他们承诺改正，并接受您的监督，而您则应在他们取得进步时给予鼓励。当然，在与这些员工对话之前，您应当准备好充足的例证，以免引起误解或是让人觉得不着边际。请展现出积极的态度，向对方表明您希望帮助他们取得成功，并耐心解释改善行为将如何促进个人成功。如果他们能够乖乖照做的话，往后的日子您可就省心多了。除非万不得已，请不要轻易启动惩戒手段，因为这将伤害到所有人，只有真的到了别无选择的地步，方能出此下策。关于纪律惩戒，我们将在第十五章中予以详述。

以下列举了一些令大多数新手经理人深感头疼的员工类型，篇幅有限未能穷尽。请密切关注这些员工，并根据本章提供的建议妥善处理他们的出格行为。

✍ **杠精**：此类员工总是会跟您以及其他团队成员唱反调，不但会诋毁中伤您，还会百般阻挠团队或部门实现目标。

- **开心果**：此类员工将主要精力用于给同事们找乐子。为办公室带来欢笑并不是坏事，但如果娱乐过度，就会干扰大家的正常工作。

- **隐身人**：此类员工的灵魂和肉体至少有一个游离在公司之外。他们出工不出力，对团队毫无贡献，甚至连本职工作也不管不顾。

- **抢镜专业户**：此类员工喜欢将别人的功劳占为己有，并四处吹嘘自己对团队有多么重要。

- **不务正业者**：此类员工将个人兴趣看得比日常工作更重要。例如在一家规模约3500人的公司里，有一位名叫乔伊的员工，她的种种表现令经理感到十分费解。从每年8月到次年1月，乔伊总是在一刻不停地接电话、敲键盘，或是窝在会议室里开会，简直就是整个公司里最忙碌的仔；不过接下来的2月到7月，她却一直枯坐在工位上啥也不干。有谁能猜到乔伊究竟在搞什么吗？原来她在公司内部组织足球博彩，并把它当成自己的主业了！

- **绝缘体**：此类员工除了自己的一亩三分地之外，其他事务一概不接，哪怕顺道帮忙捎点东西都免谈。毕竟没有哪条明文规定了这是他们的职责呀。

- **玻璃心**：此类员工希望全世界都知道他们为公司付出了一切，却没有得到任何回报。玻璃心员工的业余生活通常都了无生趣。
- **负能量大师**：此类员工喜欢怨天尤人。他们总是在抱怨工作繁忙、同事拉胯、老板刻薄、客户刁钻、道路拥堵、时运不佳、天气太差等。负能量爆棚的员工十分危险，因为他们的怨气很容易传染给他人。

除此之外，还有许多其他类型的麻烦制造者。作为经理人，您应当对各种奇葩行为做好预判，并及早予以有效处理。

第十二章

招聘员工

对于经理人来说，为公司招聘优秀员工是您最重要的任务，没有之一。千万不要在员工招聘上投机取巧，否则一个糟糕的用人决定很可能会耗费您数百个小时善后。但凡您在招聘过程中感到丝毫犹豫或不安，那么一定要引起重视，必须采取一切必要手段帮助您做出明智的决策。一旦您签发了录用通知，那么后续的选择就十分有限了。因此除非您已有了十足把握，否则不要轻易做出录用决定。而您的把握应当建立在确凿的事实、细致的研究、严格的背景调查、科学的测评以及其他所有可用手段的基础上，绝不能单凭直觉行事。再强调一遍，招聘员工是经理人最重要的决策任务，没有之一。

不同的公司有不同的招聘方式，无法一一列举。为了便于说明问题，我们先假设一种简单的招聘流程，也即由人力部门对申请者进行初筛，而部门经理对于候选人的录用享有最终决定权。

运用测评工具

以美国为例，随着联邦、州，乃至某些城市对企业招聘程序做出了越来越严格的规定，许多公司可能会因相关的法律要求过于烦琐而放弃对应聘者进行测评。尽管如此，测评仍然被公认是证明应聘者实际能力的最佳手段。在美国，许多公司甚至会向应聘者支付面试报酬，将他们留在现场一整天，以便开展测评。

应聘者素质的整体水平因时而异。当失业率高企时，便有更多的人才供您选择；而当就业形势良好时，情况就截然相反，甚至在某些极端情况下，能有一两个人过来应聘就谢天谢地了。所以说很多情况都属于不可抗力，而本章的讨论范围还是以可控因素为主。

易被忽视的因素

经理人们十有八九会认为招募员工应当考虑的因素包括工作经验、专业资质、教育背景等，很少有人会提及一个易被忽视的因素：工作态度。

您也许会对某位无论在经验、学历和资质上都无可挑剔的应聘者十分满意，但如果他的态度存在问题，那么选择他就等于是在给自己找麻烦。反过来，如果某人在经验、学历和资质上都有所欠缺，但却表现出异常积极的工作态度，那么他很可能会在您手下爆发出惊人的潜力。所有经验老到的经理人都会认同，态度才是一名员工最重要的品质。

面试过程

许多经理人在面试过程中说得太多、听得太少。

与应聘者之间的面试是一种双向互动。应聘者自然很想获得录用，因此他们会尽可能地给出最优的回应。

而作为一位面试官，请不要提出一些让应聘者感到无所适从的问题。有些自诩严苛的面试官可能会提出以下问题：

- "你来这里应聘的动机是什么？"
- "你凭什么认为自己符合应聘条件？"
- "你是为了拿高薪才来的吗？"

话说能够问出如此拙劣的问题，还真是令人汗颜呢。请注意，您必须设法让应聘者感到心情舒畅，方能展开深入对话。要知道您的目的是更好地了解应聘者，因此在面试过程中一定不要显得咄咄逼人。正确的做法是，先寒暄几句，聊一些轻松的话题，待应聘者状态缓和下来，再进入比较严肃的讨论——不过无论如何也别问上述三个蠢问题。

下面让我们来看一个简单的面试案例。

瓦伦西亚女士的面试

面试的目的在于了解应聘者是否具备适宜的工作能力和态度。因此，在面试伊始，用一些轻松的话题引导应聘者渐入佳境是非常明智的。

大多数应聘者都会非常紧张，面试结果对他们来说非常重要。而您需要做的则是让他们放松心情。不要一上来就谈及工作，而应让应聘者感到您对他们的个人情况也很感兴趣。这里的重点在于，您要试着营造一种融洽的氛围。如果面前的应聘者将来成为您的下属，那么您就为此后数年如一日的相处开了个好头；即使对方遗憾落选，他们也会因为您在面试过程中的真情流露而对您和贵公司倍感亲切。

请注意：对于一家公司来说，需要处理多种"社会关系"：公众、客户、所在行业、相关政府机构、员工……哦，别忘了算上求职者。话说有一位名叫瓦伦西亚的女士，她是一家高档百货公司的主顾。购物之余，她也很想在该商场找一份兼职工作。谁知她在随后的应聘过程中遭到了冷遇，导致她怀恨在心，并发誓从此再也不踏入该商场半步。瓦伦西亚女士的拂袖而去，给该商场造成每年数千美元的直接损失，这还不包括该女士的亲友们在其影响下可能减少的消费额。

所以正确的做法应当是，先与其简单寒暄一阵，然后再进一步陈述道："瓦伦西亚女士，在具体讨论您所应聘的岗位之前，请允许我简单介绍一下鄙公司的基本情况。因为招聘是一个双向选择的过程，所以我们非常乐意为您解答与鄙公司相关的所有问题。"

接下来，您可以向她简要介绍一下公司的基本情况，以及组织招聘的目的，但不要透露太多业务数据。您可以多花些时间宣传公司的员工政策，并介绍贵公司所在领域的独到之处，总之就是让应聘者对贵公司及旗下员工建立一种感性认识，进一步加深其对贵公司的向往，并为进一步的交流营造轻松舒适的氛围。

接下来终于到了面试的关键阶段。您应当提出一些问题以便评估应聘者的态度。大多数经理人都十分替人着想，在遇到冷场时会主动介入并帮助应聘者缓解尴尬。这无疑是一种善意之举，只不过有时可能会影响到关键信息的获取，从而对最终决策不利。

问答间的玄机

以下是一些问题范例：

- 您对上一份工作最满意的地方是什么？
- 您对上一份工作最不满的地方是什么？
- 能否谈谈您的前任上司？
- 您在上一份工作中取得了怎样的专业发展？
- 如果条件允许，您将如何重构自己的上一份工作？

以上问题仅为样例，您可以结合个人偏好设计一些更合适的问题。如果一时想不出更好的，不妨考虑直接照搬上述问题。

接下来，让我们逐一分析每个问题以及"恰当"和"不当"的应答分别揭示了应聘者怎样的态度。对于第一个问题——上一份工作最满意的地方——如果应聘者在回答中提及具有挑战性的工作、健康的内部晋升机制、鼓励员工深造并提供相应机会、嘉奖敬业者等,那么便表明其非常重视良好的工作环境。

不过,如果应聘者回答说,他最满意公司每隔一周的周五不用上班,从而可以享受一个长周末;公司里有很多社交活动,例如保龄球、高尔夫俱乐部;入职第一年即可享受带薪休假等,那么便表明该应聘者的社交欲望很强,多半就是一位社牛了。虽然在公司里与同事打成一片并非坏事,但这不应当成为应聘工作的主要动机。

接下来是第二个问题——对上一份工作最不满的地方。如果应聘者回答说,偶尔需要加班、需要周六值班,或是在周末接受业务培训(即便公司支付相关费用),那么这些答案都不算太理想。

不过,如果对方指出老东家的绩效考核体系不够规范、晋升机制未能与业绩挂钩,或者表示并非有所不满,只是为了寻求更好的发展空间,那么此类回答属于深思熟虑后的一种圆滑说法,表明对方是具有强烈进取心和判断力的人。

再来看第三个问题——如何看待前任上司。这是一道更开放式的问题。如果应聘者对此表现出深恶痛绝，例如直呼："我可以骂人吗？"这就有点儿不合时宜了。

如果换一种方式，即使该应聘者与前上司关系恶劣，却能够云淡风轻地表示："哦，你知道上下属之间难免会有些分歧，但这并不影响我对其本人的尊重和认可。"这便是一种将大事化小的外交辞令。对于应聘者来说，即使真的与老东家或上司水火不容，也不应过分指摘，否则只会有损自身形象，反而对求职不利。因此，明智的求职者会尽量避免对前同事评头论足。

下面是第四个问题——员工的专业发展。您可以从中一窥应聘者的职业观。如果对方坦言，并未刻意寻求专业发展。那么便意味着其仅仅将工作视为一种谋生方式，而非长期职业。这并没什么错，只不过略显平庸而已。而如果对方表示，上一份工作留给其最大的遗憾就是缺乏足够的专业发展机会，那么想必您的眼睛会为之一亮——这也许是一支追求职业理想、致力于专业精进的"潜力股"呢。此外，应聘者还可能会强调自己在专业领域取得了长足进步，那么您便可趁势将话题引至对职业目标的探讨上来。

最后是第五个问题——对上一份工作的反思和重构。该问题旨在考察应聘者的大局观和自我定位。如果对方能够明确指出本职工作与公司整体发展之间的关联，这样的回答便是充满智慧和建设性的。而如果应聘者总在琢磨如何将自己手头的责任转嫁给他人，那么这便是一个危险信号，表明该应聘者太过自私自利。

来自应聘者的问题

在上述问答完成后，您可能会对应聘者表示："我的问题已经问完了，请问您还有什么需要了解的吗？"您同样可以从对方的提问中一探其工作态度。

例如，如果应聘者提出以下问题，您会怎么看呢？

- 贵公司每年有多少天假期？
- 入职首年可以享受几天休假？
- 需要工作多久才能获得四周长假？
- 贵公司会组织哪些活动？
- 最低退休年龄或服务年限是多久？

上述问题反映出应聘者关心的不是如何投入工作，而是如何摆脱工作。问题样例中的表述都较为直白，有的甚至非常露骨，其目的在于更好地说明情况。而现实中，许多应聘者在提出此类问题时都会比较隐晦。不过万变不离其宗，实际都反映了一种不可取的工作态度。

下面一类问题彰显了另一种截然不同的态度：

- 贵公司的人员晋升是否基于业绩表现？
- 卓越员工的薪酬是否显著高于平均水平？
- 贵公司是否定期组织培训以提升员工的工作能力？

当您听到这些提问时，没准心里也会泛起嘀咕，对方会不会是在刻意投您所好？不过这至少证明了他够机灵。一名能够揣摩面试官心理的求职者总比那些云里雾里的人要好得多。

对于经理人来说，在面试过程中应当注意沉默是金。即使因应聘者被某个问题卡住而一时陷入冷场，也不要为了缓解尴尬而轻易插话，否则可能会影响您了解对方的真实情况。

公司的人力资源部门可能会在面试开始之前向您介绍一些提问的技巧和禁忌。您需要特别注意绝对不要提出不符合法律规范或是涉嫌歧视的问题。

例如,"您有孩子需要看护吗"这一看似平平无奇的问题,在美国就会被视为大忌。相应地,如果应聘者问及工作时间,也不必急于断定这是一种消极表现,对方可能只是出于照顾子女的考虑。

同样,如果应聘者询问健康保险福利,也不应被视为不够积极。事实上,关心健康保险恰恰是一种富有责任心的表现。简言之,您需要擦亮一双慧眼,通过问题的总体基调来判断其背后的工作态度,并准确识别哪些方面属于态度,哪些方面属于责任。

随着面试经验的不断积累,您会变得更加轻车熟路。不过正如前文中提到的,请勿重复大多数面试官容易犯的错误——忽视员工态度这一因素。所以,请不要像一般经理人那样在面试现场拿着职位申请表照本宣科:"哦,我发现你以前在某某公司做过……"而应在面试之前就对应聘者的简历有所了解,这样才能在面试现场多讨论一些有关工作态度的问题。

失业率的影响

如果您所在地区的失业率很高，那么贵公司的应聘者们通常会表现得更加积极。对于迫切需要一份工作养家糊口的求职者来说，任何岗位都好商量，而且他们也会更加卖力地向面试官推销自己有多么适合目标岗位。

在失业率高企的情况下，您可能还会遇到一些资历非凡的应聘者。他们目前所处的困境固然值得您同情，不过您也应当意识到，一旦今后有更好的发展机会出现，这些人便会头也不回地离您而去。因此，建议您慎重考虑资历非凡的应聘者，一来一般的岗位根本激不起他们的兴趣；二来他们一有机会便会另投高枝，难以长久。

另一方面，求职者也能够预判到大多数经理人不愿录用资历非凡的人。因此某些人可能会迫于无奈，选择在简历上做手脚，对自己的学历和经历有所隐瞒。总之，如果您录用了资历非凡的人，那么要有随时失去他们的觉悟，除非您可以提供给他们一个更为匹配的职位。

兼听则明

当您考虑录用某位应聘者时，请找几位可靠的同事一道帮忙掌掌眼。既然您已经将候选人的范围缩小到寥寥数位，那么不妨再深入考察一番。其他观察者提供的视角和观点可能会弥补您的某些疏漏。目标职位越重要，您的决策就越不容有失，所以请广泛听取他人意见，兼听则明。

安于现状者

"安于现状者"是指能力优秀但不喜欢挑战的人。此类人群规模庞大，但很少有人愿意承认。

在面对"安于现状者"时，您可能不得不接受他们情愿自己被"大材小用"的态度。他们往往会因自己的资历过于耀眼、无法获得心仪的工作而黯然神伤，于是后来他们便学会在求职申请上故意漏报一些重要资历。比如某位注册护理师如果不想从事护理工作的话，便可能会隐瞒自己接受过相关培训的经历，然后再对有关个人能力的表述做一番修饰，以匹配其真正喜欢的文书工作。同样，某位害怕儿童喧闹的老师可能会刻意漏报他的幼师或小学教师资质。不过这种做法也没有那么容易蒙混过关，因为申请表上的空白经历很容易引起训练有素的面试官的特别关注。所以，如果这位老师确实只想做一名学校护工的话，那么就应该在申请表上将自己的身份描述为"校园内勤"而非"教职工"。

作为一名渴望成功和热衷管理的有志人士，您可能很难理解"安于现状者"的价值取向。不过千万不要小瞧他们，他们可一点儿也不傻，只不过他们的职业观与您大相径庭罢了。这并不涉及是非对错，适合自己的才是最好的。

举例来说，有这么一名牙医，年过不惑，每每想到自己只能一辈子给人检查口腔和修补牙齿，他便懊恼不已。世上有很多人都在被迫从事自己不喜欢的工作，过得其实并不开心。所以我们应该尊重"安于现状者"们勇于改变现状的决心和魄力。许多人打心眼里排斥变化，却又清楚了解变化是无可避免的。这两种思绪糅合在一起，便会引发内心的情感冲突，也即心理学中所谓的"回避机制"。不过很多时候我们避无可避：如果想要日子过得去，就不得不在自己并不喜欢的选择中数害相权取其轻。

而"安于现状者"则一直都在努力追寻"适合自己的道路"。可是每当走到一个十字路口，他们便不得不重新展开自我评估，反映到职场上就表现为他们的工作一般都难以持久。由于他们不希望被某份工作影响到自己对人生的追求和思索，因此他们心目中的理想工作都是些只需要无脑重复即可完成的简单劳动，如此才能腾出时间精力考虑别的事情。此类琐事对于一般人来说可能难以忍受，而"安于现状者"却乐此不疲，这就是所谓的"萝卜白菜各有所爱"。

工作与娱乐

许多人都对工作非常反感，甚至认为工作是一种惩罚。如果某人以从事体育运动为生，那么运动对其来说便是一种工作；而如果是为了调剂身心做同样的运动，那么这便是一种娱乐。二者之间的区别可能就在于一个是"不得不做"，一个则是"想要去做"。这就解释了为什么很多财务自由的人仍然热衷工作，这大概就是"真爱"的模样吧。

岗位说明

岗位说明中应当包含求职者普遍关心的共性信息，包括工作时间、起薪、试用期期限、转正后有无加薪等，此外还可简要介绍一下员工福利待遇。公布上述信息有助于避免面试过程中对此类基本信息的频繁问答，您便可集中精力询问各种开放式问题，并根据应聘者展现出的工作态度做出录用与否的决定。

回到前文中瓦伦西亚女士的面试案例，在向她做职位介绍时，请尽量避免使用专业术语——应当采取通俗易懂的表述。贵公司内部的行话和缩略语对您来说可能司空见惯，但对新人来说则不知所云。文字版的岗位说明亦是同理，如果写满了行业"黑话"，那么对于应聘者来说就形同天书了。

判断力和执行力

在评估应聘者的过程中，除了重点评估工作态度和专业技能外，还需极度关注作为团队成员最应具备的判断力和执行力。判断力和执行力俱佳的团队成员工作自主性强，易于指挥；缺乏判断力的员工毫无主见，无法独立决策；缺乏执行力的员工需要您多花时间督促，尽管其本人并不乐意被您严密监控；而二者均缺乏的员工则如同提线木偶一般，拨弄一下动一下，试问您又有多少时间整天盯着他呢？

那么，您应当如何在面试中评估应聘者的判断力呢？请首先设想一个在工作中可能会面临的实际问题，对此最好没有明确的解决路径，或是存在多种处理方案。然后将该问题抛给应聘者们，询问他们将如何进行决策（而非决策的具体内容），从中便可一窥他们处理信息和做出决定的方式方法，观察他们发现和填补了多少信息空白，实际上就是在评估其判断力。请注意，考虑到此类评估的准备和执行过程较为耗时，因此不建议安排在海选阶段，等到最终确定了少数几位候选人之后再行测试为宜。

评估执行力则可通过以下两种方式。第一种是从该应聘者的前上司处寻求意见（如若可行）。请不要问："该员工是否具备执行力？"而应当问："您是否放心将工作交给他完成？""有没有过拖拉现象？""多久时间需要督促一次呢？"

第二种评估执行力的方式是让候选人讲述一个自己曾经参与其中，但结果并不理想的工作项目，分析绩效未达预期的原因，以及今后遇到类似情况应当如何改善。通过讨论该话题，您可以对对方的执行力有一定程度的了解。如果对方提到项目未能按期完工，那么请进一步询问是何种原因导致了延误。对方也许会列举一些外在的不可抗力，或是"因为我的工作负担太重导致顾此失彼"等。你们之间讨论的内容越丰富，您对其执行力的了解就越清晰。

一名高效的员工需要具备多种素质，其中判断力和执行力尤其不可或缺。否则该员工在日常工作中将会牵扯您大量的时间精力，让您无法做好本职的管理工作。

决定录用

即使您在面试中途已经暗自确定了若干位心仪人选,也切勿发表任何迷惑性言论。请告知应聘者们,将会在所有面试结束以后做出最终的录用决定,面试结果将于第一时间通过电话告知,并确保每位应聘者都收到消息。这种公平公正的安排才会赢得所有人的尊重。

态度谈话

当您确定了最终的录用人选后,应当与对方展开一次"态度谈话"。以下是一个"态度谈话"的优质范例,供您参考。假以时日,您也会逐渐形成自己的谈话风格,不过其基本思想都大同小异。

> 我们选择您的一个重要原因是您展现出了本公司尤为欣赏的工作态度。您的履历和测评结果都表明您足以胜任这项工作,当然其他一些应聘者也具备足够的能力,但您所具备的积极态度赢得了我们的进一步认可,最终让您脱颖而出。我们相信,态度将会是您跨越平凡、走向卓越的制胜法宝。

并非每一位员工都具备良好的态度。那么态度究竟是什么？我们所推崇的态度，是对工作的全情投入而不是斤斤计较分内分外；是对质量的精益求精并从日常事务中获得成就感；是将个人满足建立在事业成功的基础之上。我们认为您完全具备这些积极态度，加之您出色的业务能力，相信您一定会成为本公司的一位明日之星。

下面我们简要分析一下为什么要发表上述小型演讲：

试想一下，一名员工在什么时候最愿意接受与工作相关的建议呢？也许就是在新入职的时候吧。

再试想一下，员工们会努力让自己的表现与您的预期相符吗？他们会的。回顾一下面试的过程，应聘者不都在努力表现出您理想中的样子吗？通过"态度谈话"，让即将入职的员工了解到良好的态度是公司和经理人所关注的重点，这将进一步促使他们在今后的工作中展现出应有的态度。这对员工和公司来说是一个双赢局面。

那么为何还要提及公司内部存在一些态度不佳的员工呢？因为如果您对于消极员工的存在只字不提，那么当新员工接触到这些人时,便会觉得您此前的一番慷慨陈词不过是些漂亮话而已。而只要您直言不讳地指出一些态度问题,那么新员工不但会对您更加信任,而且在遇到消极员工时还会进一步展开联想:"经理曾经提到公司里有一些混日子的人,我一定要努力改变这种情况。"于是您的威信会得到进一步的增强。

与新员工展开"态度谈话"的时机因人而异。一个比较理想的时机可能是在发出录用通知时,顺便邀请该员工来办公室,在向其表达祝贺和欢迎后,随即进行"态度谈话"。等到员工入职的第一天,您也应当再次强调一下态度问题,不过点到为止即可,毕竟员工在入职第一天时脑子里面千头万绪,难免有些紧张,总是担心今后该如何与领导和同事们相处、能不能得到大家的接纳等。不管怎样,入职第一天的确是给新员工"洗脑"的最佳时机。

第十三章

员工培训

许多新手经理人都认为自己应当对整个团队所有的业务流程了然于胸，仿佛一旦某个重要岗位出现空缺，他们就得亲自顶上。那么照此逻辑推论，公司的首席执行官是否必须将全公司上上下下的业务都统统掌握？推而广之，美国总统是否必须对联邦政府的每一块运作都手到擒来？这显然是说不过去的。事实上美国总统很可能连白宫里一些简单的行政事务都操办不来，正如酒店大厨没必要亲自去菜场买菜一样。

经理人的责任

作为经理人，您需要了解的是部门的职责范围，而非细节操作。当然，这也取决于您的管理层级。如果您是一个工作小组的组长，需要兼顾业务与管理，那么倒是必须熟悉具体运作。

然而，如果您带领的是一支人数众多、业务庞杂的团队，那就很难对每项业务都了如指掌，但您一定得知道什么活儿应当派什么人去做。大型医院的管理人员也许对外科手术一窍不通，但他一定知道该如何挑选和留用优秀的外科医生。

许多新手经理人都对自己无法掌握某些具体业务而感到不安。其实大可不必。您的职责是确保结果达成，而非每件事亲力亲为。

虽然这乍看上去是一个大胆的想法，但您会慢慢习以为常，并且后悔没有早点觉悟。您原本可能认为"我必须亲手搞定一切"，但当遇到大规模、多样化的项目时，无法面面俱到是很正常的，不必担忧。

培训新员工

不同的岗位对于培训的频度和广度有着不同的要求。即使是最有经验的员工，在进入一个新领域时，也同样需要接受基本培训。对于新员工来说更是如此。培训可以让新员工了解公司业务和本职工作，以及如何将自己与整个公司融为一体。

一般来说，不宜将业务培训安排在员工入职的第一天。第一天通常是新员工熟悉环境和同事的好机会，您应当让他们多花些时间四处观察，第二天再进行培训。许多新员工第一天下班回家时会感到头昏脑涨或是腰酸背痛，显然他们白天在公司里面过得太紧张了。

关于培训员工的方式方法，众说纷纭。一种极为常见的观点认为，应当让即将离职的员工培训新员工。对此我们不可无条件照搬，因为这种培训的效果好坏与员工离职的原因及其态度息息相关。

关于培训方式的错误示范

以下案例展示的是一次由判断失误导致的培训事故：故事发生在一个由若干销售人员和一名文员组成的公司部门里。该文员因工作能力欠佳而遭到辞退，但部门经理仍然将其留用了两周时间，并让其在此期间对继任者进行培训。而正是这一决定，成为整个团队的一场噩梦。

其实这一结果也不足为奇。如果离职员工并没有足够的能力胜任工作，那么就绝不能让他们来担任培训师。试问因能力问题而被辞退的员工如何能培训出好的继任者呢？也许他们根本不会认真带教，或者即使下了功夫，也很可能会把自己工作时的坏习惯传给新员工。退一步来说，即使是主动离职的员工，也未必能把培训做好。大多数离职者早已把心思投入到下一份工作上了，因此他们所做的培训往往缺乏严肃性和完整性。不过，如果某位员工是因获得晋升而离开当前岗位，那么他倒很可能成为一名出色的培训师。

上述案例中那位安排离职员工来培训继任者的经理人很可能不太了解文员的工作，因此无法亲自带教新人——如果硬要这么做的话只会暴露他的无知。于是为了藏拙，他选择了剑走偏锋，结果犯下了严重的管理错误。

不过，请勿因此再度萌生"经理人果然还是得什么都会"的想法。上述案例中如果该部门不止一名文员，那么该经理人也未必会为了图省事而选择让离职员工带教。事实上，即使该经理人并不熟悉文员岗位的细节，他也总该将自己对文员岗位的要求和期望明确告知新人。

培训师的作用

在对新员工开展培训之前，您必须与培训师进行一次会谈。这可不是什么即兴环节，您应当尽量提前与培训师碰面，并说明您希望达到的培训效果。您也可能构思了一些可以让新员工的工作效率超越前任的好方法，那么便可借此培训良机实施自己的变革计划。还有什么比新鲜血液的加入更有利于变革的呢？即使您无意寻求改变，那么也应当在培训效果上与培训师达成一致，这一点非常重要。

一旦您决定录用某位新员工，请记得将该员工的入职日期通知培训师，以便其做好相应的时间安排。

您应当尽量挑选具有出色表达能力的培训师——逻辑缜密，善于抽丝剥茧；语言通俗，拒绝术语堆砌。话说专业术语固然要介绍，但绝不能让过多的专业术语把好好的一场培训变成"听天书"。再次提醒一下，培训期间您应与培训师就培训效果保持沟通。比如您希望第一天的气氛轻松一些，那么应当提前告知培训师。

在第一天培训的后半段，您可以找个时间询问培训双方进展如何。您说什么并不重要，重要的是展现出对新员工的关心态度。

在第一周培训结束后，您可以邀请新员工来办公室一叙，这同样是一种关心员工的表现。您可以通过询问一些问题来判断培训师提供的指导是否明确，以及新员工是否已经为迎接新的工作做好了准备。

孕育革新

新人培训期间也是孕育革新的良机。您可以在与新员工谈话时提出:"你们是岗位新人,相比其他人来说拥有更多新鲜的想法和见解。希望你们在培训期间勤学好问,深入了解业务流程及其背后的逻辑。培训结束后,欢迎你们就如何改进工作提出意见和建议,期待你们能够一针见血地指出某些长期以来一直遭到忽视的问题。"这一要求表明您对持续提升业务水平的严格态度,以及对新员工意见的高度重视。

至于为何要强调"培训结束后",其原因在于避免新员工在搞清楚状况之前就贸然提出意见。新员工在培训之初可能会萌生一些看似不错的想法,但随着对岗位性质的进一步了解,这些想法也需要不断打磨才行。

您必须让所有下属明确您持续改进工作的认真态度。这将有效防止团队成员对革新采取消极态度。

当然,总有一些保守分子会用"这是一直以来的惯例"之类的表述为自己辩解。这种解释太过官方。它表明说此话的人要么对业务一知半解,要么打心眼里害怕变革。

界定工作

在培训过程中，最好能够将一整块工作拆解成若干细分流程，并逐一讲解。如果一次就将整个工作流程全部告知，很容易引起新员工"消化不良"。当然，您应当首先说明工作的总体目标及其与更加宏观的运营活动之间的关系。

意见反馈

随着对业务流程的渐渐熟悉，新员工应当逐步从培训师手里接过各项工作。为了更好地了解新员工独立工作时的表现，您应当制订一套有效的反馈机制。这一反馈机制应当普遍适用于每位员工，其目的在于及时发现问题，防微杜渐。这一机制对您的管理成效至关重要，不过对此并没有一套严密的操作指南以供参考，因为评估的方式方法取决于不同岗位的具体性质。

这里所说的反馈仅指内部反馈，如果您发现的问题来自客户投诉，那就为时已晚了。您必须在情况失控之前完成各种纠错才行。

质量控制

如果能够让员工对质量控制流程有所了解，那就再好不过了。不要过于追求完美，那并不现实。而是应当设定一个可以接受的误差范围，然后再带领团队齐心协力达成乃至超越这一目标。请勿设定不切实际的目标，否则您将难以有效凝聚起整个团队。

在新员工独立开展工作之前，请一定要对他们提出明确的要求。如果您为他们设定的最终目标是达到 95% 的效率值，那么也请一并告知各个阶段性目标。比如您可能期望他们在 30 天内达到 70% 的效率值，接着在 60 天内提升到 80%，最后在 90 天内实现 95% 的终极目标。当然具体进度取决于工作的难易程度。工作越简单，达成最终目标就越容易。总之，您需要合理设置进度表，并明确告知新员工。

只有让他们充分了解您的期望，才能实现步调一致。您应当鼓励新员工在感到进度受阻时，及时与培训师沟通交流，以便设法改善。如果将培训比作教学工作，那么您与培训师应当充当的是辅导员和老师，而非训导主任。所以请让新员工明白，您和培训师绝不会对他们求全责备，而是会成为他们的坚强后盾，全力帮助他们取得成功。

即便某些新员工已经开始独立承担部分任务，您也应当让培训师关注他们的工作，直到您认为他们的工作质量已经达标，无须继续严密跟踪了。在此期间，对于新员工所犯的每一次错误都必须全面剖析。不过如何做到既准确指出问题，又不让对方感到冒犯，其实也非常考验培训师的交际水平。作为培训师，绝不能说出"你看你又出错了"之类的话，而应当说："不错。虽然还不够完美，但你一直在进步，不是吗？"

培训收尾

大多数公司的试用期都在数周到数月之间，但不管怎样总会有一个期限。一旦员工具备了独立工作的能力，您就应当立刻与他们展开另一轮正式面谈，这也标志着新员工的职业生涯开始进入一个新的阶段，对此应当充分重视。您可以在面谈时对员工到目前为止取得的进展表达赞许之情，指出其今后将要独立承担工作，并明确指出对工作数量与质量的考核方法。这次面谈同样也是一个绝佳的机会，用以继续在培训第一周面谈时发起的话题，也即如何改进工作的观察与思考。即使对方一时提不出任何建议，这种讨论也会让其在今后的工作中更加用心发掘变革机会,同时也表明您发自内心地重视下属的意见和建议。

褒奖培训师

您应当利用培训总结的机会,给予培训师肯定和奖赏。如果培训师表现出色,那么您应当在同事之间广泛宣传。为了做好培训工作而付出额外精力的培训师值得您的赞扬,而且褒奖他们就等于向所有团队成员宣布:多一份付出,就多一份回报。当然,别忘了给培训师准备一份力所能及的奖励,比如周五下午放半天假,或是赠送一张礼品卡。

第十四章

推动变革：化解阻力

推动变革是经理人最重要的任务之一。它包括接受并支持变革、探究团队成员抵制变革的缘由，以及尽可能化解前进中的各种阻力。如果您能够做到以上三点，那么您便掌握了经理人的一项最核心的能力。

接受变革

您是否曾与某些拒绝变革的上司共事过呢？此类经理人往往会公开表达反对意见，认为变革者都是一窍不通的傻瓜，还会试图说服您，公司的新政将给员工造成多么大的伤害等。这根本就不是一名经理人应有的表现。这种错误示范将会导致员工对公司的决策乃至公司本身失去信心。

作为经理人，您不但要时刻准备拥抱和倡导变革，而且还要试着接受并支持某些您不太认可的新政。最理想的情况是，您虽然并不喜欢某些变化（您的下属可能也有所察觉），但仍然公开力挺公司决定,并且发动整个团队予以支持。

举例来说,假设贵公司决定启用一套新的企业管理系统,不过在您看来,现有系统完全能够满足工作需要。那么如果您对这一决定表示反对,将会造成怎样的危害呢?首先,这反映出您只是从自身利益出发看待问题,而忽视了这一系统更新可能对公司其他部门和同事带来的好处;其次,您的公然反对表明您将自己的个人意见凌驾于公司决定之上。而作为一名新晋经理人,您本应带领团队共同遵守公司的目标和决定。一种比较理想的情况是,您事先参与过决策制订过程,并向公司高层反馈过意见建议,这样即使您对最终决定持保留态度,至少也做好了相应的心理准备。不过无论您是否参与过决策,身为一名经理人,您都必须坚决支持公司的一切政策、章程、规范、条例和决策。

抵制变革

正如第二章中所提到的,大多数人天生排斥变革,即使对一些明显有利于工作的变革也不例外。那么为何人们会抗拒变革呢?因为对未知和不确定性的恐惧是人类的天性。任何变革都可能给某些人的工作带来风险,许多人担心自己的能力不足以应对各种变化，抑或他们从一开始就不知道为什么要做出改变。

对变革的抵制是非常主观化的。也就是说，不同的人对于变革有着不同的接受度。曾经被变革伤及自身利益，或是成长于封闭保守环境中的人自然会强烈抵制变革；而曾经在变革中受益，或是思想开明的人则对变革较为友好。

主观化的另一个表现是，变革对不同的人产生的影响也不尽相同。例如员工甲总是会将自己发送的所有材料做好归档，以便日后跟踪进度，或是快速回复来自客户、供应商、销售人员等的问询；而员工乙则认为这样做是浪费时间，所以从来不做归档。于是，当公司开始推行一项新政，要求员工对所有外发材料做好归档时，员工甲便会安之若素，而员工乙则会大为不满，甚至四处抱怨公司又给他"压担子"了。

化解阻力

正如前文所述，排斥变革是人之常情，因此想要将团队成员对变革的抵制情绪一举扫清是不大可能的，只要能最大限度地减轻阻力就已经很成功了。而化解阻力的最佳策略，就是让员工融入变革。

首先，同时也是最重要的，您应当与员工分享尽可能多的信息。既然对变革的抵制情绪源于对未知的恐惧，那么您便应尽量消除未知。未知越少，阻力就越少。当然这并不意味着只要信息公开，员工便会欣然接受。但让员工了解真实情况、直面各种不如意，一定好过让他们蒙在鼓里，或是听信各路谣言。我们都知道，人们总会通过各种途径获取信息，如果您守口如瓶，他们便会另辟蹊径——这种情况下很难保证他们获得的信息是准确可靠的。作为团队里的情报担当，您才是带领员工正确应对变革的最佳向导。

接下来要做的是向员工解释变革的原因及其效益。有些变革将有利于客户或其他部门，而对自家团队无甚好处。对此您只需要坦诚相告，比如"这次变革对我们部门帮助不大，但会让整个公司发展得更好"抑或"不是每次变革都会让我们受益，有时也得让兄弟部门得点好处"。

最后，不妨问问您的团队成员如何在部门或团队中实施该变革。员工的参与度越高，对变革的抵触就越少。有时您会发现，一些本来抵触情绪最强烈的员工，一旦参与其中，竟然会转变为变革的最大支持者。所以您可以尝试在第一时间找出那些反对态度最坚决的员工,并设法让他们回心转意。一旦赢得了这些人的支持,继续推行变革就容易多了。

第十五章

纪律惩戒

根据业务种类的不同,考核员工绩效的标准也不尽相同。有时甚至同一公司内的不同部门也会因岗位差异而在考核标准上有所区别。

您必须让每位下属都清楚了解自己的绩效标准。如果您在考核员工时所采用的标准含糊不清,那么就是在自找麻烦,因为这样做会削弱您的权威,并容易引起各种误会。在绩效标准上搞模棱两可的一套是行不通的。

假设您已经为部门的每项工作制订了合理的标准,并将这些标准写入相应的岗位说明中,以便据此评估员工是否有效履职,那么接下来,您应当在职责范围内建立一套能够持续跟踪员工表现的长效机制。您可不能抱着"只要客户和其他部门没来投诉就行"的侥幸心理。真要等到发生投诉事件,有些损害就已经无可挽回了。

前提假设

团队成员的表现很大程度上取决于您对他们的工作要求。您应当在新员工入职之初便提出各项要求，让他们充分了解您对他们在培训期间以及培训结束后的表现寄予了怎样的期望。在培训期间，对员工的工作数量和质量可以适当放宽要求，但请做好妥善安排，以免新员工的失误殃及其他部门。

及时准确的反馈是正确有效劝诫员工的重要前提。您需要设计一套科学的反馈机制，帮助您在第一时间发现绩效不达标的情况，以便迅速解决这个问题。在本章的后续讨论中，笔者会假设您已经制订了明确的标准，并让每位员工都清楚知晓您还建立了合理的反馈机制，以便即时发现绩效问题。

对事不对人

管理领域中有一条传承已久的守则，那就是不要公开训诫员工，更不能羞辱员工，即使在开除对方时也不应恶语相向。您必须让员工明白，您所针对的是工作表现，而非员工本人。

许多管理者容易在讨论工作问题时将矛头指向员工，从而引发人身攻击。大多数情况下这种攻击并非恶意,但不管怎样这都是一种草率的举动。

以下一些开场白几乎可以轻易毁掉一场讨论:

- "你简直错漏百出。"
- "我可真是服了你了,从没有见过像你这样花式捅娄子的人。"
- "你的表现差到令人无语。"

这些都是相当过激的言论,但在日常工作中却屡见不鲜。即使经理们的出发点是好的,这种做法也只会让事态发生不必要的升级。

这种言论会让员工觉得自己受到人身攻击,而人在遭到攻击时,会本能地采取自卫行动,从而导致戒备心增强。这便给原本旨在解决问题的对话又平添了一道障碍。正确的做法是,在向员工提出质疑时要循循善诱,比如您可以说:"要知道,我和你一样都希望你取得成功,所以让我们来聊聊如何把工作做得更好。"

接下来,您可以试着将员工的业绩问题归结为对工作要求的错误理解。比如在培训过程中忽视了某些重要信息，引发了某些系统性缺陷，进而导致业绩不达标。通过这种表述方式，您便可让对方理解您的言论是对事不对人。

加强互动

请注意您是在和员工对话，而非自说自话。许多经理人每次和员工谈话时都喋喋不休，很容易引起对方反感。您应当鼓励员工参与到对话中来，否则很难解决问题。

不过也要把握好火候，别做得太过！有些经理人为了避免偏颇，说话过于谨慎和委婉，以至于有的员工在谈话结束后还以为自己表现得不错，值得嘉奖。尽管我们一再强调表达方式的重要性，但无论如何您必须让员工明白，他们的工作尚未达标。

邀请员工来您办公室谈话时，请营造一个轻松的氛围。这对您来说可能是件小事，但对一个很少有机会走进经理办公室的新员工来说，上司召见一般都没啥好事。因此您应当尽可能地让对方感到安心。

请鼓励员工从一开始就参与到讨论中来。您可以参考以下的开场白："德里克，你已经入职三个月了，我看是时候和你一起聊聊工作了。你知道我对你的表现非常期待，不知你最近干得怎么样？"

通过这种方式，您可以鼓励表现不佳的员工主动打开话匣子。通常来说，员工很少会因得知自己的业绩未达标准而感到惊讶，他们只会惊讶于无人告知他们标准是什么。如果出现了后者的情况，那么您可能遇到大麻烦了——这显然是在培训和沟通方面出现了问题。

在员工描述工作情况时，请适时将话题引向"业绩未能达标"这一点。比如您可以提问："你是否以一名正式员工的业绩标准来要求自己？"如果对方给出肯定的回答，那么您可以继续追问："你觉得自己的业绩表现已经达到正式员工的水平了吗？"如果对方仍然表示肯定，那么该员工可能尚未认清现实。总之，要不断地提问此类问题，直到将话题引到工作业绩上。

当然，如果您的所有旁敲侧击都未能奏效，那么您别无选择，只能单刀直入把话挑明了。对于那些坚称自己干得不错的员工，您可以回应道："看来我们俩对于你工作表现的看法不太一致，这倒挺有趣的。你觉得为什么会出现这种差异呢？"于是您便将这一话题摆上台面了。

消除误解

随着谈话的推进，您应当通过各种手段确保员工清楚了解工作目标，同时确认你们已达成共识，以避免产生什么误解。会谈结束后，不妨再拟制一份备忘录，并加入员工档案中。这个习惯非常有益，尤其当您管辖人数众多时，很可能时间一久就会遗漏某些谈话细节，因此保留一份文字备忘录显得尤为重要。

以人为本

员工的表现与其个性特点是密不可分的。尽管在谈及工作绩效时，您可以运用一些沟通技巧向员工展现一种"对事不对人"的立场，但在涉及工作态度等问题时，其实很难将人与事割裂开。

假设您有这么一位下属，其工作表现令您非常满意，但却总是不能做到按时出勤，那么管理这种员工就比管理业绩糟糕的员工要麻烦很多，因为前者是您希望继续留用的。然而，无论前者的业绩多么出色，如果您给予其迟到早退的特权，就会让其他按时出勤的员工士气受损，这是显而易见的（当然，采用弹性工作制的公司不在讨论之列）。

在与上述类型的员工沟通时,一个比较可取的做法是让对方明白您管理上的难处。如果每位员工都有样学样不按时出勤,那么不但作为经理人的您无法容忍,也会给该员工本人带来麻烦。明确了这一点后,您便可以与对方就更多细节问题展开探讨,并设法想出一个解决方案。

在谈话过程中,您可能会发现该员工遇到了某些长期存在且难以解决的问题,一个普遍的例子就是照看子女。有时候托育机构会出现一些限制性政策或变化,从而影响到作为家长的员工按时上班;抑或员工的子女不幸患病,不得不转往其他托育机构,如果该机构位置偏远,那么员工就更加无法准时出勤了。这种情况下,您可能需要调整该员工的工作时间,将他的上班时间延后半个小时,也许便能解决问题了。

请千万不要对员工的迟到问题不管不问,因为这不是一天两天的事情,您最终还是得妥善解决才行。

在您指出问题后,大多数勤勉称职的员工都会采取积极的行动。您也许会发现,在接下来的几天里,他们开始准时上班了,于是您便会体验到成功管理员工的一份喜悦感。不过也别得意太早,有些员工是迫于压力才做出改变,当压力感渐渐解除后,他们可能又会故态复萌了。对此您切不可大意，把这当作偶然现象。您必须让所有下属明白他们每天都必须做到准时出勤。

在首次谈话过后，如果当事员工再度出现迟到现象，那么您应当再次约谈对方，这次的谈话不必像第一次那样面面俱到，只需要重申上次的要点即可。如果对方的再次迟到是出于正当理由，那么第二次点到为止后便无须反复提醒了。如果在您的管理下，员工能够按时出勤长达六个月左右，便说明您已经成功改变了员工的工作模式，从而有效化解了一个严重问题。

如何惩戒严重退步的员工

下面我们将学习一个关于如何应对员工一步步消极怠工的案例，这一案例的挑战性不亚于您可能遇到的所有与员工纪律相关的问题。假设您开设了一家咨询公司，手下有一位名叫凯莉的高管辅导师，她的日常工作就是前往客户现场，为对方公司的高级经理人提供一对一辅导，帮助他们提高管理技能，并就公司项目的实施情况提出建议。凯莉一般每周会去客户现场一天，服务周期为一到两个月。客户们对她好评如潮，甚至抢着要她为自己辅导，而您也一直将她视为您的左膀右臂。

后来，情况发生了一些变化。您开始不断收到来自新老客户的投诉，反映凯莉的工歇时间从以前的短短 5 到 10 分钟变成了每天休息好几次，每次都要一个小时或更久，而且还不包括午餐时间。这种情况持续了几周后，您约谈了凯莉，向她反馈客户的抱怨，并明确指出像她这样把对方的高管晾在一边，将对公司以及她本人的专业形象造成严重破坏。更何况客户可是花了大价钱购买服务的，有人甚至还为了配合她的辅导而特地调整了日程。

凯莉本人则严重怀疑并坚决否认自己曾经休息了那么长时间。尽管您在谈话中试图让她敞开心扉，坦承她在工作或个人生活方面遇到的困难，但她却只是一个劲儿地表示一切都很好，她不可能那么长时间都在偷懒。于是你们制订了一个行动方案，每当她需要休息 5 到 10 分钟时（她是位吸烟者），便看一下手表，告诉客户当前的时间，以及她将在何时返回。

您本以为万事大吉了，但情况并未好转，客户投诉仍然源源不断。您后来又向凯莉强调了几次纪律问题，但收效甚微。您甚至还提议如果她有什么难言之隐的话，公司可以资助她去求助第三方顾问。而她拒绝了您的好意，仍然我行我素。后来您又给了她最后一次机会，警告她倘若再因同样的问题遭到投诉，便会饭碗不保。于是，随着又一个投诉电话的响起，您只得兑现承诺，忍痛将她辞退。

很多人都会认为，上述案例反映的是管理技巧方面的问题，其实不然。并非所有的员工问题都可以通过包容和迁就解决。在上述案例中，"您"已经竭尽所能来挽回局面。"您"一再给她机会，希望她能够直面和解决问题；"您"为她制订了切实可行的改善措施，并苦苦等待她的幡然悔改。可是既然一切都无济于事，不管她曾经的表现有多么亮眼，"您"也只能和她遗憾道别了。

其他问题

同一性质的问题很可能具有其他多种表现形式，例如工作时间长期上网"摸鱼"、趁着午餐时间偷偷"溜号"等。不消多言，您的公司可不是儿童乐园，每位员工也都不是吃闲饭的。对于那些不断制造管理问题来试探您和公司底线的人，一定要采取雷霆手段。

作为经理人，您可能还会遇到很多棘手的问题，例如员工的个人卫生。假设您的某位团队成员身上一直带有难闻的体味，导致其他同事背地里对其冷嘲热讽，甚至疏远排挤。这种现象是不可容忍的，因为这将对团队之间的沟通配合造成严重影响。于是该员工的个人卫生问题便升级为公司的业务问题，您必须设法解决。

不过与其您亲自出面，倒不如请人力资源部门的同事与该员工谈谈。这并非逃避困难，而是为了避免引起尴尬。毕竟如果您直接参与谈话，那么此后该员工每次与您日常接触时都会回忆起曾经与您讨论体味问题时的难堪场面，从而对您避之唯恐不及。相比之下，将此类敏感问题交由与业务部门相对隔离的人力资源部门处理，也许能够更好地解决问题，同时也是在挽救一名其他各方面都表现不错的员工。

改善工作表现的小妙招

以下介绍一种简单有效的方法，来帮助问题员工清楚了解他应当如何改善自己的工作表现。当工作进展不顺时，让员工保持思路清晰尤为重要。为了更好地达到这一效果，您可以在与问题员工进行一对一面谈时运用这一技巧。

这种方法只需要一张白纸——普通的复印纸即可。请像平时塞信封一样将纸折上三折，然后再展开，沿着两道折痕各画一条直线，将纸大致分成三等分。

请告诉员工您正在为其制订一个业绩提升计划，然后在纸的上三分之一区域写上"优势"、中间区域写上"待改进"、下三分之一区域写上"目标"，接着请员工帮助您补完这三部分内容。当然，对于每个区域里需要填些什么，您应当心中有数，不过员工的个人观点也是尤其关键且充满价值的。

您要做的就是根据员工填写的内容制订相应的提升计划。当然，您也需要有所筛选。如果对方提出的某些建议与您的看法相左，那么不妨就此展开一番讨论。

比如某位员工声称自己的一大优势是具备良好的团队合作能力，而您却认为事实并非如此，那么您便可立即提问："能否解释一下为什么你会这么想呢？"对方接下来的回答也许会让您改观——也可能不会。如果您未被说动，那么请告诉该员工，根据您的观察以及其他同事的反馈，建议其将"团队合作能力"填入"待改进"一栏。这里请注意使用建设性的口吻，并强调这一做法的目的在于帮助其取得成功。因为如果想要成功，他就必须准确了解今后需要努力的方向。

当需要改进的问题确认之后,您便可与员工共同商定一个与之相关的具体目标,并将其填入"目标"一栏。比如可以将目标设定为"在每次团队项目结束后的成员互评中获得 3.5 分或更高的评分(满分 5 分)"。每个既定目标都必须注明完成期限。

目标的设定应当简洁明了,不要引起误解,并尽可能量化,例如对错误率或延误时间设置具体的限定值等。

您往往会发现,某些员工在自我评估时很难定位自己的优势和改进空间,而是会提出一些出人意料的问题。这时您应当妥善应对,开展建设性的交流探讨,避免让员工感到焦虑。

当然,该技巧中最重要的一环就是制订目标。只有设定合理的目标,才能让员工明确自己在规定期限内应当做出哪些成效。

一旦您与员工就业绩提升计划达成一致,那么双方都应当在目标书上签字确认并注明日期。然后将一份副本交给员工,并与其商定好下次当面评估的具体时间。两次面谈的间隔一般不超过一个月,对于情况特别严峻的,则应酌情缩短时间。

这样一来，您的工作就轻松多了。当再次与员工会面时，只要根据此前设定的目标评估对方的现实表现，您便会对其是否取得进步一清二楚。比较理想的情况是，员工的各项目标均已达成。即便如此，您也应当至少再重复一次上述评估过程，以确保对方步入正轨。哪怕该员工再次全面达标，继续开展新一轮提升计划也是颇为有利的，不过这次您倒是可以将面谈间隔延长一些。

如果您发现员工正在不断进步，那么便可适当延长面谈周期。反之则需提高面谈频率。

如果在几轮提升计划和面谈过后，情况仍未明显好转，那么显然该员工的工作能力难以适应当前的岗位要求，于是您该作何选择便显而易见了。这一技巧的强大之处正在于此。如果运用得当，几乎不会产生误判。一番操作之下，问题员工要么取得进步，要么离开岗位。对于员工来说，如果提升计划无法奏效，他们自己也会考虑是否需要换个环境了。

其他惩戒手段

假设您的一位得力下属突然出现了严重的业绩下滑，您不忍失去这位爱将，于是就此事与其多次沟通并表达关切，但您发现对方似乎并没有把您的话放在心上。这种情况下，您可以提出该年度对其暂停加薪，并做出合理解释。请提前告知该员工，如果工作业绩无法改善，便不能加薪。一旦做出这样的警告或类似表态，您就不能有丝毫妥协，否则将使您的威望严重受损。与此同时，您也应当将业绩提升计划和一对一面谈等手段提上日程。

另一个可选方案是将该员工留用察看。在明确该员工的业绩下滑必须得到纠正的前提下，您将提供各种机会帮助其改变现状。您必须再三强调，绝不能容忍业绩不达标的情况持续下去。而对员工采取留用察看的措施，等于向其表明，如果无法尽快改善业绩，就将职位不保。

与留用察看对应的是新员工的试用期。试用期的安排因公司政策或具体情况而异，一般在 90 天左右。试用期结束后，表现良好者将转为正式员工。按照惯例，转正后的工资薪金也将有所提高，以示对员工表现的认可。如果员工在试用期内表现不佳，便可能面临离职风险。以上这些都是顺理成章的事情，如果员工对此感到惊讶，说明身为经理人的您并没有做好相应的沟通工作。

第十六章

解聘，多么艰难的决定

如果说有什么事情能够让一位经理人刻骨铭心的话，那一定少不了第一次辞退下属的经历。解聘员工从来都不是件令人愉快的事情，它对于雇佣双方来说都是一种痛苦。您需要将前期工作做得足够到位，才能让员工安然接受离职的结果。不过也许您可以境界更高一些，将自己的目标设定为让被辞退的问题员工对您心怀感恩。这可不是在开玩笑。虽然这一目标并不容易实现，但您应当致力于此。

简单来说，如果您与问题员工进行过开诚布公的沟通，并尝试过多轮业绩提升计划，那么对方很可能会意识到，自己的能力其实并不适合当前的工作岗位，所以长痛不如短痛。接下来，在深入探讨解聘流程之前，让我们先来了解一些基本情况。

首先，突然辞退员工的做法在绝大多数情况下都是错误的（除非涉及诚信和暴力问题等）。大多数公司都会制订严格的指导方针，明确规定哪些情况下应当立刻辞退员工。

其次，切勿在气头上开除员工。绝不能因一时冲动而做出如此激进的决策。如果您被下属逼得忍无可忍，甚至想要动用"生杀大权"，那么千万不能被情绪带偏，否则您会后悔的。

当您读到这里时，可能会觉得某些员工并不值得您在解聘问题上花费时间精力。请收起这样的想法吧。要知道，如何有效辞退员工可是经理人最重要也最具挑战性的职责之一。如果您想让自己的管理技能更上一层楼，那么就必须多花时间履行好这一职责。

大多数公司都为解聘员工制订了规范的流程，如果您还不太了解，可以咨询您的上司或人力资源部门。在解聘问题上，一定要三思而后行。不过在现实中，也有一些经理人认为，不管下属表现如何，只要还没有引起团队的强烈公愤，就不要轻易辞退他。抱着这种理念的经理人，管理水平应该不算太好。

谋求改善

在您的经理人生涯中，最有可能遇到的解聘情形就是员工业绩不佳、不愿或无力向公司的标准看齐。有时您会发现，某些员工的确难以适配当前岗位，他们被录用或提拔本来就是一个错误，无论您如何努力也改变不了。也许他们在培训期间表现不俗，但却难以达到正式岗位的要求。

辞退员工绝非第一优选。人员变动的成本相当高昂，如果最终不得不启动解聘程序，那么随之产生的成本包括离职补偿、过渡性医疗保险金以及可能的再就业补助等。此外，您还需要花费时间寻找接任者。因此，您应当首先尝试尽己所能将问题员工的业绩提升到合理水平。

首先您要确认培训工作是否存在瑕疵或是信息不透明？培训师和该员工之间是否存在某些个性障碍，导致彼此沟通不畅？

您还可以回顾一下该员工的能力测试、工作申请表以及其他录用材料，没准能从中发现一些被遗漏的线索。接着，与该员工面谈，讨论其当前的业绩水平、所需达到的目标以及应当如何改进。同时，也要评估对方的态度是积极求变，还是安于现状。

谋求改善的做法有可能产生两种结果，第一种（同时也是最理想的）结果是，与该员工共同努力，使其工作业绩达到既定目标；第二种结果是，该员工虽然遭到辞退，但仍对您充满感激。

达成这两种结果的关键在于双方的坦诚沟通。您必须直言不讳地告知问题员工，其职位已经岌岌可危。毕竟到了这种时候，也没有必要再顾及面子了。同时您还要向该员工表明，您将竭尽所能帮助其取得成功，但前提是对方同样有此决心。

正如前文提到的，您应当与该员工共同制订一份书面的业绩提升目标与行动计划，无须花里胡哨的形式，简单一页纸即可。一旦您与该员工就业绩提升计划达成一致，请用白纸黑字记录下来，并确定完成期限。

目标的设定必须清晰无误，例如："你现在的日均错误量为5次，我们需要在月底前将这一数据减少到3次。"设定精确的目标目的有二：一是如果该员工顺利达成预期目标，那么便有望解决业绩问题并留任；二是如果尝试改善失败，那么您也只能启动解聘程序了。

员工业绩提升计划可能包括额外的培训、导师带教，或是观摩熟练员工操作示范等。提升计划的目标必须明确，包含可量化的考核标准以及完成期限。

在您与员工结束面谈前，还需要完成三件事情：

1. 将一份经双方签署生效的行动计划副本交给该员工；
2. 确定下次会面以及讨论工作进展的日期和时间；
3. 告知员工如需要帮助，可以提前与您会面。

接下来，您应当尽快安排下一轮面谈，最好不要超过一个月。下次面谈时，需要制订新的目标和行动计划，并由双方签字确认，同时商定再次会面的时间。

如前文所述，您应当根据员工业绩的改善情况，适当缩短或延长两次面谈的间隔时间。这一机制应当持续贯彻，直至该员工业绩达标或离职。

随着行动计划的推进，最终结果无非两种：要么成功，要么失败。如果该员工的业绩未能有效改善，那么说明其难以胜任当前岗位，而您此前投入的时间精力也没有白费，因为只有这样，才能让您充分意识到辞退该员工的必要性；也只有这样，才能让该员工充分意识到自己并不适合这份工作。

如果您最终不得不让某位员工离开，不妨向其推荐一些更加合适的职位，那么对方一定会感激您。除此之外，您的努力也是在向其他团队成员表明,您会尽一切可能帮助每位团队成员取得成功。

您也应当与其他团队成员保持良好沟通,包括在他们表现出色时予以表扬。许多经理人认为只要不向员工反馈差评,他们就知道自己干得不错。但事实往往并非如此。您的沉默寡言只会让员工认为您根本不在乎他们。

盖棺论定

如前所述,只有当您完全确信员工的表现无可救药时,才可考虑予以辞退。

当然,除了辞退员工外,还有一些其他可选措施。在正式启动解聘流程之前,请考虑以下一些关键问题:

- 有没有可能将该员工调整至您管辖范围内的其他岗位?
- 如果公司其他部门存在某个岗位空缺,是否可以让该员工去试试?
- 是否存在岗位错配的情况?如果该员工可以在其他岗位上发挥作用,辞退此人会不会成为公司的一大损失？

- 如果贵公司的规模足够庞大，能否将该员工"无痛"调动至其他领域？

请注意，离职员工也是公司社会关系的一部分。所以您应当妥善处理解聘事宜，以免影响公司的公众形象。

如果遇到抗拒离职的员工，您能否巧妙应对，让对方承认自己辜负了公司给予的改进机会，进而认同您的辞退决定，甚至感谢您帮助其认识到自己的能力与岗位并不匹配？

千万不要像个懦夫一样，将所有的锅扔给远在天边的"他们"："对我来说，日均5次失误也不算太差，都怪'他们'非要降成3次不可，否则我也不会被迫辞退你了。"说出这番话的人，显得毫无主见，像个傀儡。

提出充分理由

妥善保管问题员工的绩效档案至关重要。当然，这一要求也适用于其他所有员工。贵公司的绩效考核系统越正规，您的档案管理工作就越有保障。

之所以强调档案的重要性，是因为因员工离职而引发的法律纠纷越来越普遍。您应当自我检视一下："如果非要辞退某位员工不可的话，我能否给出充足的理由？"如果您可以做出肯定的回答，那就没什么好担心的了。

灵活性与一致性

出勤率过低也是导致员工被辞退的一大原因。不同的公司有不同的病事假规定，因此很难界定出一个普遍认可的出勤率。有些公司明文规定每月可以申请一天病假，或者每年累计不超过12天病假；其他一些公司则允许经理人根据员工的实际情况酌情处理。不得不说，这种自由裁量的机制其实要比硬性规定更难把握。因为每一起个案，都需要您反复权衡；每一个决定，都必须站得住脚。

没有硬性规定的弊端在于，容易造成公司内部的执行尺度不一。例如大度的经理人可能会对所有的缺勤表示体谅，甚至照发工资；而其他经理人则可能会紧抓出勤率，并根据缺勤天数扣薪水。因此，如果公司对于员工出勤不设硬性规定，那就必须做好部门和经理人之间的沟通协调，才能确保公司执行标准的一致性。

兼并收购

企业之间的兼并收购非常普遍。一般来说新公司都会承诺不对原有人事安排进行变动。不过不消半年时间,它们就会变卦。公司会开展重组,一些员工随即遭到"优化"。一旦公司被并购,每个人都会被迫打响职位保卫战,有些人顺利"渡劫",有些则惨遭裁撤。那些落败者未必能力有问题,可能只是因为岗位重叠,或是在原公司的职位或薪水过高。

如果贵公司被卷入了企业并购案,那么您就只能祈祷母公司的政策足够人性化,在裁员过程中充分彰显企业责任感。比如在一段合理期限内持续为离职员工提供经济补助,在其求职期间提供办公便利、文秘支持以及个人职业咨询等,从而在一定程度上缓解由并购裁员带来的冲击。

虽然身为经理人,但在并购期间您也未必能比普通员工了解到更多的信息。不过公司高层可能会派您通报本部门员工的去留情况,有时甚至会让您亲自操刀裁员。比如要求您裁员10%或降低20%的用工成本。这些都是极为艰难的抉择,因为它们往往与业绩无关。而您所能做的就是以一种尽可能人性化的方式执行此项任务。

在接手这项"脏活"时,您所做的每一个决定,都必须考虑到留任员工的感受。他们都在密切关注您将如何对待即将离职的团队成员。因此您应当在公司政策允许的范围内，采取更加周全和人性化的处理方式。这既是向那些曾经立下汗马功劳的离职员工表示敬意，也是向所有留任的团队成员表达尊重。这样才能将裁员风波造成的长期影响降到最低。

好在在这种情况下，所有人都知道人员"优化"是由并购导致的，那么您也不妨把所有责任都推到并购上，从而让离职员工走得更加体面。您也许无法留住他们的工作，但至少可以留住他们的最后一丝尊严。请充分发挥您在公司的各种影响力给予员工力所能及的帮助。

许多公司都会打着"公平公正"的幌子，根据资历决定员工去留。虽然这种做法往往并非良策，但淘汰资历尚浅的员工最不容易引发众怨，而且这种做法在很大程度上避免了人为干预，可以防止公司被起诉。

裁员

裁员在职场中的威力不亚于一枚核弹。裁员的弊端有很多，比如其结果往往事与愿违等，这里不做展开。下文仅讨论经理人需要面对的两种基本情况：如何保住自己的职位和如何履行管理职责。

别看您的老板整天对您吆五喝六，没准他也正在为自己的前途发愁。裁员风暴来临之际，无人能够置身事外。曾有不少经理人乃至公司高管都自信能够安然"渡劫"，结果却被现实狠狠打脸。

在这种情况下，最优策略是"打肿脸充胖子"。相信自己的能力，不要总是去找上司打听消息，否则只会让他更加心烦意乱。与其频繁出入老板办公室打探虚实，不如另辟蹊径，向您的老板表达您的坚定支持："我知道您现在压力很大，如果有什么可以帮上忙的，请尽管开口。"

当裁员危机来临时，没有人能够保证您的生存。想要提高自己的生存概率，就应当积极思考如何协助老板渡过难关，而不是一味给他们添乱。

而且，作为一名经理人，您可能会受老板之命向团队发布裁员信息。上一节中有关并购过程中人员变动的内容，在这里同样适用：无论如何，请一定要以人性化的方式处理裁员事宜，并在所有留任的团队成员面前展现出您的宽仁姿态。

如果您在裁员危机中幸存下来，千万不要因此而沾沾自喜，毕竟您的很多同伴都已无法再与您并肩作战。如果您因此心生愧疚，说明您是一位有情有义的好经理。

挥别

目前为止，我们讨论的都是解聘员工的各种背景，现在终于到了与下属道别的时刻了。

大多数经理人喜欢将告别时刻安排在周五下午，也即其他同事陆续下班离开后。如果当事员工需要立刻离职，那么他就不必在众目睽睽之下红着脸打包走人。同时，选择在周五辞退员工，也可以给对方空出一个周末，以便他寻找其他职位、申请失业补助或处理其他事项等。

在您与离职员工最后一次谈话时，请确保所有应付薪水和补贴都已给付到位。毕竟被公司辞退已经够让人崩溃了，如果还被拖欠工资，那简直就是雪上加霜。如果公司提供离职补偿的话，请一并支付。别忘了还要将员工未使用的公休和病假折成现金发放。

请站在员工的角度换位思考一下。尽管得到您的慷慨相助，但对方可能还是会对自己丢了工作感到意难平，如果这种时候还被公司拖欠工资补贴，那他可能会丢下一句："下班别走，法庭见！"所以为了打消员工的这种想法，您必须防患于未然，提前安排妥当才行。

还有一件您力所能及的善举，就是对员工被辞退的信息尽可能保密。尽管人力资源和薪酬部门免不了会知情，但作为您本人来说，除了向公司高层做必要的汇报外，在其他场合下应当对此三缄其口。

对经理人来说，送别下属的时刻并不好受。离职前的最后一次谈话，往往只有你们二人四目相对，双方都高度紧张。如果您担心离职员工会做出过激行为，那么可以请一位同事共同到场，比如人力资源部门的同事或其他部门的经理等。这样一来，万一在谈话过程中起了争执，至少还有第三人在旁见证。无论谈话时有无他人在场，都建议您在谈话结束后立刻制作一份书面备忘录，以便在必要时帮助您快速回忆起相关细节。

在离职谈话时，不妨先做一个简要的"前情回顾"，不要东拉西扯，也不要归咎他人，而应当参考如下表述：

> 通过之前的几次谈话，相信你已经对自己的岗位要

求有了明确了解。正如过去数周以来我一直指出的,你的工作表现始终未能达标,我们的业绩提升计划也未能奏效,这非常遗憾。我相信你也付出了很多努力,但结果还是不够理想。所以今天我只能根据之前的约定,正式通知你做好离职准备。对此我深表遗憾,也希望这一结果不会让你感到突然。我与你一样,都非常希望能够看到你在工作业绩上的显著进步,但事已至此,我们都应当面对现实。这是你的最后一笔薪酬,包括一个月的离职补偿,以及未使用的公休和病假折现。衷心祝愿你很快就能找到一份更适合自己的工作。

在上述内容的基础上,您还可以根据员工个人情况的不同来调整您的表达。在运用话术时既不要粉饰坏消息,也不要太过直白生硬。总之您应当因地制宜,打磨出一套最适合自己的说辞。

曾经,许多公司解聘员工的方式是在发工资时往信封里夹带一份解雇通知,这种做法实在有些不太人性化,好在这样的日子已经一去不返了。如果是因工厂倒闭或公司歇业导致大批裁员,这种做法还说得过去,毕竟这种裁员与员工的表现无关。但对于因工作业绩无法达标而不得不辞退的员工来说，面对面的坦诚沟通才是解决问题的唯一出路。您也许并不喜欢在这种问题上与员工正面对抗，但作为经理人，这是您必须承担的一项工作职责。对于绝大多数公司来说，离职谈话是劝勉员工的最后一个环节，也是经劳动法认可的一项正当措施。

关于解聘的补充思考

只要稍做认真思考，您便会意识到一味挽留表现欠佳的员工，不但是对公司的不负责任，对员工本人来说也未必有利。毕竟长期待在一个自己难以胜任的岗位上，只会让当事人觉得无比憋屈。此外，这种做法对所有表现合格甚至优异的团队成员来说也很不公平。

大量实例证明，对于无法胜任岗位的员工来说，解聘是公司能够提供的最大帮助。当事员工可能一时难以接受，但假以时日，他们会越来越认同这一道理。

有些经理人在被迫辞退员工后会陷入某种失败感，那么不妨了解一下以下数据：大量关于员工解聘情况的调查表明，约有七成的离职员工会在下一份工作上表现得更好，业绩和薪水都有所提升。这是因为之前他们的岗位与能力错配，而被公司辞退后，反而给了他们重新寻找合适岗位的机会。

最后，我们还是要重申一下本章中最重要的一个观点，那就是您必须无比客观、无比肯定地认为，确有必要解聘员工。但凡有所疑问，请向资深经理人或人力资源部门咨询。请做好必要的前期铺垫，以免员工对解聘一事毫无准备。在处理员工离职事宜时请考虑周全，体现人性关怀。

第十七章

职场不是法外之地

作为一名新晋经理人,您必须对劳动相关的法律法规和操作惯例有所了解,否则很容易踩雷。您不必精通劳动法,因为这是人力资源部门的职责,但当您对某些行为许可产生疑问(例如有哪些行为构成职场性骚扰)时,您就必须设法找出正确的答案。

您应当对新晋经理人容易遇到的诸多法律问题以及需要承担的法律责任做一番简要了解,尤其要关注诸如性骚扰、残障失能、药物滥用、个人隐私、病事假以及职场暴力等相关法律问题。再次重申一下,您无须成为法律专家,但是,您也决不能拿无知当作触犯法律的借口。太多公司都曾因自家经理人对法律的无知或无视而被一纸诉状告上法庭,付出了巨额赔偿的代价。

性骚扰

职场性骚扰是一种令人反感的、对职场环境有着极大破坏力的不当举动。根据美国平等就业机会委员会的定义,性骚扰是指不受欢迎的、足以妨害正常工作或职场环境的性接触、性要求以及其他涉及两性关系的口头或肢体行为。

每个公司都应当采取有力措施防止和纠正性骚扰行为,否则将会承担相应的法律责任。简单来说,如果您对部门内部发生的性骚扰行为采取纵容、忽视或者放任态度,那么贵公司便会因此承担法律责任。作为经理人,您应当致力于营造一个积极而安全的工作环境,而且如果您为了包庇职场性骚扰而将公司的钱财和声誉置于险境,对您本人的职业发展有百害而无一利。

性骚扰的危险信号

以下一些危险信号可以帮助您预防和关注职场性骚扰:

- 讲荤段子;
- 发出暧昧的"么么哒";
- 讨论两性话题;

- 用诸如"亲爱的""宝贝儿"等昵称称呼同事；
- 对特定性别进行言语贬低；
- 利用电脑或手机屏幕、办公用品、服装、水杯等载体展示不雅图片；
- 任何形式的不当肢体接触（即使是令对方不适的握手）；
- 不向特定性别分配重要任务；
- 不给予所有员工平等的晋升机会；
- 因为性别原因给予某些员工优待。

从以上罗列的各种危险信号可以看出，性骚扰的形式既可以是显而易见的，也可以是微妙含蓄的。

大多数公司都会开设相关的培训课程，向员工普及性骚扰的概念，以及在日常工作中应当如何避免此类行为。还有很多公司会让员工参加一场简短的在线培训，让他们声明自己已经知晓相关信息，并会严格遵守。有的培训课程还设置了测试环节，员工不但要参加测试，还要最终签字确认。这也是在向当局表明，公司正竭尽所能帮助员工强化相关意识。作为一名经理人，您也应当采取一切手段让员工明白，您和公司对任何形式的性骚扰都是零容忍的。在这一方面稍有差池,您和贵公司恐怕都要吃不了兜着走。

残障失能

以美国为例,《美国残疾人法案》明确禁止歧视残障人士。残障失能,是指存在于个体身体或精神方面的、足以对个体主要生命活动产生实质影响的缺陷。残障人士还包括曾有过残疾史以及被普遍视为罹患残疾的个体。

在招聘过程中,您可以告知应聘者,目标岗位对个人的身体或精神状况具有一定要求,然后再询问对方是否具备履职能力。请注意要对所有应聘者一视同仁,不能差别对待。现在大多数公司都会尽力为残障人士提供便利,这既是公司履行社会义务的一种重要表现,也是对残障人士能力才干的高度重视。

请务必在您的部门内部严禁对残障人士的歧视或骚扰行为。以下是发生在美国的一个歧视残障人士的案例:在一家大型银行的某个地方分行,两名员工——亨利和玛西亚——同时竞争客户经理一职。二人在专业技能、资历、业绩评价等方面都难分伯仲,但亨利在客户服务方面表现更加出色，他的热忱度和专业性得到了客户的广泛好评。所以您可能会认为亨利可以凭借这一优势力压玛西亚成功晋升，不过事实却相反，亨利在竞争中落败，因为他是一位残障人士。

分行负责人对于这一决定的解释是：客户经理岗位的一项重要职责是在下班和周末时间陪同分行负责人和其他同事参加社交活动，而这些活动往往需要一定的身体素质——如漂流、骑行、球类运动等。鉴于亨利无法参加上述活动，所以分行负责人选择了提拔玛西亚。结果这一决定导致亨利向法院提起诉讼并最终胜诉。

药物滥用

大多数公司都会在员工手册上列明可能导致立刻被开除的禁止行为，其中服用毒品和酗酒名列榜首。不过在美国，根据1973年颁布的《联邦康复法案》，毒瘾和酗酒也被视为某种身体残障，同样不应受歧视。作为经理人，您必须对此多加注意。

首先，您不能对有酗酒或吸毒嫌疑的员工无端指责，而应先询问其是否具有上述行为。如果该员工否认，那么您必须第一时间向其解释您质疑的合理依据，如发现该员工上班睡觉、语无伦次、跌跌撞撞、业绩下滑或工作质量低下等。您应当针对具体行为就事论事，如果对方无法对自己的行为做出合理解释，那么您可以出于安全考虑，将其遣返回家，但不能让其独自开车回去，因为一旦途中发生意外，您和贵公司都须承担相应的法律责任。

其次，切勿传播疑似吸毒或酗酒的员工信息，否则可能会涉嫌诽谤他人。您只可以与上司、人力资源部门以及有资质的顾问分享相关信息。

再次，以美国为例，大多数州的法律都规定了经理人和公司有义务为员工戒除毒瘾提供便利。因此您必须设法帮助员工申请"员工关爱计划"，并获取专业支持。如果该员工既没有改善行为，又没有采取戒瘾措施，那么您便有理由采取纪律惩戒手段了。

作为一名经理人，您一定要熟悉法律法规和公司的规章制度。上任之后，您便应当就相关问题咨询人力资源部门。

个人隐私

以美国为例，法律保护公司为了正当目的而检查员工的办公区域、听取语音邮件以及查看电子邮件和电脑文件的权利。不过在当今社会，每个人的隐私也都应受到合理保护。因此，您应当明确员工的哪些信息可以公开透露，哪些不可以。例如您不应透露员工的药物测试结果、工资单、贷款（如消费贷）信息等。

病事假

以美国为例，《家庭和医疗休假法案》规定员工每年可享受不超过12周的无薪休假。目前该法案仅适用于员工规模50人以上的公司，其中列明的无薪休假条件包括：

- 分娩和照顾新生儿；
- 将子女送往收养或寄养家庭并安置妥当；
- 照顾身患重病的配偶、子女或父母；
- 因健康出现问题而无法正常工作；
- 因配偶、子女或父母被召入现役部队或预备役而面临不便。

根据法律规定，公司不得在员工休假期间变动其工作岗位，员工在休假期间仍可享受所有的健康福利。而员工必须为公司服务满 12 个月左右才能享受事假。

以上只是一般情况介绍，关于员工病事假的最新信息，您应当咨询人力资源部门。

职场暴力

令人感到难过的是，当今社会的职场暴力相当普遍，这是每个公司和经理人都应关注的问题。职场暴力包括威胁、谩骂、霸凌、肢体冲突、间接暴力（例如非法访问和破坏电脑系统）以及使用凶器等。

每个公司和经理人都应致力于营造一个没有暴力的职场环境。以下一些危险信号可能表明您的部门和公司内部存在暴力隐患：

- 员工没有或缺乏倾诉渠道；
- 不开展技能培训；
- 监管不力——研究表明，监管不力是导致职场暴力的头号原因。职场暴力往往与经理人的无能有直接关系；
- 对员工缺乏尊重；
- 员工有职场暴力前科；

- 员工存在严重的个人问题；
- 药物滥用；
- 员工在外表、人际沟通和其他行为举止方面出现明显异常；
- 员工或团队之间内卷严重，导致部分员工产生挫败感；
- 公司的安保系统无法阻止外人进入。

如果您不得不亲自处理部门内的暴力分子，请尽量保持冷静，语气和缓，少说多听，并及时通知保安，千万不要孤身犯险。

经理人的职责

在构建和维护一个安全和相互尊重的职场环境方面，经理人扮演着至关重要的角色。它是您的一项重要的管理职责和法律责任。您所起到的表率作用将极大地左右团队成员对于行为许可的认知。请谨记，如果您对本章涉及的任何内容有所困惑，请一定要听取专业意见，万不可草率行事。

第一次管人
THE FIRST-TIME MANAGER

第三部分　合作、联络与风险管理

想要在管理岗位上取得成功，除了要积极打造各种建设性的关系，还要学会如何识别和把握机遇。

第十八章

信息分享

无论资历深浅,很多经理人都会因自己掌握了某些"独家情报"而暗自高兴。他们以为只要自己不说,其他人就不会知道。这种想法是不靠谱的。如果您不愿分享信息,那么团队成员要么会设法四处打探,要么干脆自己瞎琢磨,这对您开展工作是非常不利的。因为无论是小道消息还是凭空猜测,都可能是错误或不准确的。如果他们再基于这些"二手情报"采取行动,那么情况就会变得更加糟糕。

有些差劲的经理人喜欢把下属蒙在鼓里,觉得只要能垄断信息,就可以更好地巩固权力和拿捏下属,这种想法简直离谱。事实上,越善于用权的经理人,越懂得与团队分享信息。因为信息越透明,团队成员的自我管理能力就会越强。

如果您能及时准确地分享信息,下属便会将您视为可靠的信息渠道,您便可借此树立自己的威信,贵公司也会因此受益。准确的信息有利于团队成员做出独立决策,而优秀的独立决策能力则是有效赋权的关键。本书通篇都在强调赋权的重要性，而信息分享正是赋权的重要一环。

不知您是否听说过这么一句话："很多情况下，左右人们行为的并非事实本身，而是人们对事实的感知。"了解这一点，对于做好管理工作来说非常重要。经理人的一个重要职责就是确保事实"表里如一"，从而让员工"眼见为实"。

对于公司事务来说，只有极小一部分才需要严格保密，而且很多秘密也只是暂时性的，比如："我们尚需数周时间来完善细节，相关信息目前不宜公开。"

那种无论大事小事都要瞒着下属，甚至以此为乐的经理人早晚会吃到苦果。如果员工对管理层的信息一无所知，那么他们难免会胡思乱想，并根据自己的主观臆断采取行动，结果很可能大错特错，与您和整个团队的目标南辕北辙。一旦错误铸成，再行纠错就非常麻烦。相比之下，倒不如从一开始就传递正确的信息，这才是更加简单有效的做法。

需要澄清的一点是，并非所有的信息都应当与您的团队分享。基于一些正当原因，您可能必须对某些特定信息暂时或永久保密。对于信息公开时间和内容的决断，也是经理人的重要职责之一。

案例分析

许多公司都会定期（例如每周一上午 8:30）组织经理人会议，这种每周一上午召开的例会被称作"周一经理人晨会"。如果周一当天恰逢法定节假日，例会便会顺延至周二上午（所以我们有时会看到类似"周一晨会将于周二召开"的通知）。

如果这种会议一般时长一个小时，而您有一次开会却足足花了两个多小时，那么有些员工便会开始琢磨"我倒想看看今天他们讨论些啥"或者"他们在里面待了好几个钟头，看样子要出大事"等。不过实际上可能只是当地的社区组织负责人在会上大谈特谈组织架构调整情况，并呼吁您的公司对社区事务加大支持力度。这种会谈只涉及社区公共关系建设，对公司本身并没有直接影响，即使时间长点也无甚稀奇。但如果您对下属遮遮掩掩，有些人可能就会认为你们在搞什么大事情。

每位员工都有探求信息的欲望。也许您的团队中不乏积极主动且足以独当一面的成员，但如果您的信息分享不够到位，那么他们的主动性反而可能会给您和您的目标帮倒忙。

调查发现，在员工最希望获取的信息中，"哪些变化将对我产生直接影响"排名居前。他们甚至还会关心一些与自己不太相干的事情。如果不向他们透露任何信息，他们便会妄自猜测，而通常这些猜测都是不够准确，甚至离谱的。

作为一名经理人或高管，您应当多与下属交流信息。

假设您的部门有 15 名普通员工，另有您任命的 3 位副手，每位副手除了自己的一摊业务外，还要负责管理 5 名员工（这是一种比较基本的管理架构）。每次当您结束周度例会后，请把这 3 位副手召集在一起，向他们简要通报会议情况，然后再让他们分别传达给手下 5 名员工。请注意不能让副手"独吞"信息，他们也必须与团队成员保持沟通。

将这种做法持之以恒，您将培养出大量乐于分享的员工，他们甚至还会向其他部门的同事夸耀："我们头儿从来不对我们藏着掖着，属实不错！"如果不这样做，恐怕您就得整天忙着澄清那些五花八门的流言蜚语了——即便如此，仅凭您一己之力，又如何能澄清得了铺天盖地的谣言呢？

第十九章

人力资源部门

人力资源部门（也即 HR 部门）将会是您职业生涯中最强有力的盟友之一。对于您在管理领域内可能遇到的诸多陌生问题，您都可以向人力资源部门寻求支持，包括员工招聘、带教、培训、职业发展、员工关爱计划、福利、工资薪金管理、纪律处分流程、晋升、绩效考核、上下级关系、解聘以及所有涉及管理领域的合规问题等。为了您本人以及团队的更好发展，您应当对人力资源部门的职能了然于胸，并与之建立良好的工作关系。

参与员工招聘

根据管理权限的不同，您在员工招聘过程中可能会与人力资源部门展开不同程度的合作。许多公司的做法是，由人力资源部门对候选人进行初筛，再由相关的部门经理做出最终录用决定。通常来说，让部门或运营一线决定最终人选更有利。如果部门经理在员工录用问题上毫无发言权，同时又对最终决定不满，那么他很可能会迁怒新进员工，于是后者便难免要承受些无妄之灾。好在大多数公司都会授权部门经理从3到5名符合条件的候选人中选定最终的录用对象。

有些老板会刻意将新晋经理人排除在员工招聘过程之外。这种做法也许并非出于恶意，但却大错特错。正如我们提到的，招聘员工是经理人最重要的职责之一。对于新晋经理人来说，当然是越早培养自己的招聘技能越好。所以在员工招聘方面，应当建立资深经理人对新晋经理人的带教机制，鼓励新晋经理人在"老法师"的辅导下，挑选自己合意的员工。

如果经理人拥有员工招聘的最终决定权，而非被动接受人员安排，那么他就会表现得更加负责。如果经理人被排除在招聘程序之外，那么只要稍不如意，他便很可能产生"换了我才不会录用这种员工"的想法。这种情况是需要规避的。

虽然人力资源部门自诩为选人用人方面的专家，但他们推崇备至的人才未必总是您的菜。所以关键在于您如何看待来自人力资源部门的推荐。尊重专业部门的建议是十分必要的，不过前提是您已与对方就目标岗位的各项要求进行过沟通并达成了一致。如果对方未能很好地理解您的要求，那么可能是你们在信息沟通上出了问题。虽然人力资源部门可以查阅公司所有的岗位说明，但并不代表它对所有具体业务都了如指掌。您才是自己职责领域的权威专家，所以您应当向人力资源部门明确告知具体的用人需求。

晋升及其他人事问题

在员工提拔问题上，您也需要与人力资源部门合作。一般来说，经理人总是倾向于提拔自己部门内的员工，因为您对他们的表现最熟悉，而他们也对您的风格最了解。

当您想要从公司其他部门挖掘人才时，人力资源部门的同事便可以帮助您。比如您可以请他们提供员工招聘时的原始文档和入职以来的各种信息，您还可以通过他们向该员工当前的部门经理了解其现实表现情况，没准还能获得一些您平时收集不到的独家情报。此外，一些公司的人力资源部门会负责执行"员工关爱计划"，因此如果您的某些下属遇到了相关困难，您便可以协助他们向人力资源部门寻求支持。

如果您在管理工作上缺乏经验，那么请充分利用人力资源部门这一强大的支持平台。您可以时常前往人力资源部门咨询管理问题或寻求建议，还可以向其借阅与管理工作相关的书籍文章等。

许多公司都会让人力资源部门负责组织员工培训，所以如果您和团队成员想要快速了解培训信息的话，咨询人力资源部门就对了。只有更多地了解培训内容，才能更好地提升培训质量。

人力资源部门的服务对象是整个公司。当您在员工招聘、培训、管理等方面遇到某些问题，又不方便与上司探讨时，不妨向人力资源部门寻求意见。

人力资源部门还是您个人职业发展的有力助手，可以为您推荐各种管理技能提升课程和项目，提供岗位晋升机会信息，并帮助您制订相应的行动计划。请注意，正如人力资源部门可以帮您物色员工一样，他们同样可以在您和更高阶的管理者之间牵线搭桥。

在许多公司里，人力资源部门都会向那些遇到了棘手问题又难以向上司启齿的员工提供帮助。这项职能对员工乃至整个公司来说都十分有益。相信贵公司的人力资源部门也十分擅长这项工作吧。

有时您可能会对人力资源部门的服务不太满意，不过请不要急于发作，先冷静下来把事情调查清楚，并尽量平和处理。万一发生争执，请做到事实充分、有理有据，毕竟没有人喜欢自己的工作遭到质疑。此外，在交涉过程中请充分展现合作态度，不要制造对立气氛。

如果友好沟通无法解决问题，那么您应当慎重考虑是否有必要继续死磕或是让事态进一步升级。切勿因意气用事而让自己陷入长期不利，毕竟人力资源部门可以有一百种方法给您今后的工作制造麻烦。

一言以蔽之，人力资源部门是您履行管理职责和追求个人发展的得力助手。请与之保持密切互动，并给对方留下良好印象，您将因此而受益无穷。

第二十章

谈谈忠诚

如果说当今职场上有哪种品质日渐式微的话，忠诚度无疑是其中之一。虽然它并没有完全消失，但职场人士已经对这一品质极为吝惜，只有在充分权衡利弊后才会谨慎使用。如今，打工人的流动性日益增强，必然导致忠诚度不断下降，员工跳槽早已是稀松平常的事情。

当前有一种主流的观点认为，在没有遇到"明主"之前，绝不能将自己的一腔忠诚错付了。如果老板不能令员工信服，就不应获得任何效忠；如果员工不能令老板满意，就不应获得任何保障。只有当老板和员工彼此都看对了眼，才可能解锁"忠诚度"一栏。对于许多公司来说，缺乏忠诚度往往是与缺乏团队合作相生相伴的，因为人与人之间缺乏相互信任，遑论忠诚。

忠诚？太老土了吧

忠诚在职场中属实是一件稀罕物。假设一家公司收购了另一家公司，并且宣布"我们不会对被收购方进行人事调整"。在很多职场人看来，这句话不但毫无可信度，而且很可能就是大规模重组和裁员的先兆，因为的确发生过太多出尔反尔的先例了。

有些兼并重组是为了企业的生存发展，而有些则是出于公司高层的贪婪、无情和短视。每当一场并购大戏拉开帷幕时，人们都会看到无能狂怒的董事会、贪得无厌的操盘者、困兽犹斗的大股东以及惨遭"优化"的打工人。人与人之间的互不信任在这一时刻集中爆发，应该如何是好呢？

还有一种观点认为忠诚是一种天真幼稚的表现。也许这在很多情况下说得通。但如果人人都不待见忠诚，那么忠诚便会成为无本之木、无源之水。

那么，我们是要抱着偏激思想，拒绝效忠任何人，还是怀着一腔忠诚，不撞南墙不回头呢？后者可能更可取一些吧。愤世嫉俗的态度不仅不利于公司发展，而且对个人成长也十分有害。观看喜剧演员在舞台上嬉笑怒骂也许非常解压，但作为一名经理人，如果您也总是怀疑一切、否定一切，那么又怎么能更好地率领团队勇往直前呢？

因此，对您来说，保持理性的忠诚是上佳策略。这里所谓的忠诚，不光是对公司，还包括对您的上下级。落实到具体做法上就是，请不要在社交领域对公司评头论足，您可能是朋友圈里唯一了解贵公司的人，您的观点和评价将会极大影响周围人对贵公司的看法。如果您总是对公司怨声载道，那么贵公司的负面形象便会一传十、十传百，这样的结果对您来说又有何益处呢？

理性的忠诚还表现在不要贬损下属。即使他们的某些做法的确该骂，您也应当保持克制。侮辱性的话语并不能证明对方的无能，只会充分暴露自己的粗鄙。如果您暂时还不确定公司和员工是否值得托付，不妨先真诚以待，哪怕最终觉得不值，再另谋高就也不迟。

第二十一章

关于激励的二三事

在某些经理人看来,所谓的"激励"就是"让员工干吗就干吗,不要二话"。这根本就不是激励,而是赤裸裸的权力。员工的服从并非发自内心,而是迫于管理者的淫威。

真正的激励,能够让员工心甘情愿地履行自己的职责。优秀的经理人善于发现员工的激励因素,将其与公司的目标有机结合,并为员工的成功发展营造良好的工作环境。探寻激励因素的方法多种多样,比如观察员工的言行、花一些时间了解员工或是开展问卷调查等。还有一个更为直接的做法:问就是了。

自我激励

自我激励是最有效的激励方式。即使员工打心眼里希望公司繁荣兴旺,那也是为了他们的自身利益着想。因此优秀的经理人应当懂得如何让团队成员的个人利益与公司的发展目标相契合。

当人们为了自身利益而工作时，这种激励效果便能自发延续下去，使工作本身变成一种自觉行为。经理人的一大职责就是帮助团队成员实现从"要我做"到"我要做"的转变。

经理人还需要注意观察员工对于激励的不同反应。比如同样是自我激励，有些员工会表现为自我督促，有些则会发展成自我放逐。所以您需要对员工在不同激励下的不同表现了然于胸。

有些员工会为了取得晋升而自我激励。只要他们认定职位晋升与自己的工作表现挂钩，他们便会竭尽全力燃烧自我；有些员工追求的是上级的褒奖，为了获得嘉奖而好好表现就是他们的行为路径；还有些员工有着强烈的求胜欲，他们会为了成为相关领域的顶尖人物而不懈努力。

很多人上班就是为了挣钱，期望凭借自己的出色表现获得更多的加薪；另有很多人沉醉于工作带来的个人荣誉感；还有一些人则不得不为了保住饭碗而拼尽全力，这种情况在劳动力市场不景气时尤为常见。

有些人会将工作与家庭责任挂钩，这与为了挣钱而上班的动机密切相关，毕竟家庭开销可不是一笔小数目。

您可以通过设定明确目标（参见第九章）的方式帮助团队成员强化自我激励。当他们对职责范围内的任务目标有了明确了解后，便会更加积极主动地开展工作。

众人拾柴火焰高

不知您是否意识到，很多人都会因参与合作项目而获得激励。当您与他人携手并肩，达成了某些单凭一己之力难以实现的目标时，这种经历想必会成为您心中一段最美好的回忆吧。

在美国农村，有一项名为"谷仓建设"的传统社区活动，也即村民们齐心协力帮助某位邻居建造谷仓。这里的重点在于人们通过合作的方式完成个人力量难以企及的目标（至少在既定时间内）。其他一些类似的案例包括为困难家庭开展社区募捐，技术团队开发手机应用和电脑软件，项目组设计新产品，在军队服役（军队对合作的重视毋庸多言），或是打造一支团结向上、各尽其能的竞技队伍等。

只要您能在构建团队合力、营造"1+1>2"的合作氛围方面倾注更多心血，您的整个团队就会更加充满斗志，每位成员也会从自己的工作中收获更多成就感。

经理人的职责

如何激发员工的最大潜能，是您的一项重要而长期的职责。一个企业里或多或少都会存在人员流动，时常会有些新人加入您的团队。您应当更好地认识和理解他们，这是您不可推卸的责任。员工希望得到理解，希望从自己的工作中体现价值，更希望人格受到尊重，而非仅仅被视为一个庞大生产机器中的小小零件。只要您心里装着员工，一举一动自然会充满关爱。不过不要出于关心和理解而让自己陷入家长做派，也不要在工作质量和原则上轻易做出妥协。

关心和理解员工是一种管理优势而非弱点。许多强势而专断的老板也许可以得意一时，但长期来看很容易遭到反噬。因为如果员工的工作动力来自对权威的恐惧，那么他们就会琢磨如何用最小的精力应付了事，决不愿多花心思把工作做得更好。

许多经理人都认为，如果平日里总是处事公道、体恤下属，那么到了紧要关头就很难强硬起来。这种观点是不正确的。事实上，正因为平时很少动用权威，关键时刻才会更有震慑力。

前文提到很多员工是依靠工作养家糊口的，那么在与这一群体互动的过程中，有一个需要灵活处理的点：有些员工非常乐意您关心他们的家庭情况，而有些员工则更注重保护个人隐私。那么经理人应当如何应对这一矛盾呢？其实只要员工主动向您透露自己的家庭信息，那么您便可以继续这一话题，进而了解对方的配偶、子女以及每人的兴趣爱好等。对于此类员工，您大可闲聊几句："你儿子昨天参加棒球小联赛表现如何？"这是让您更了解员工的一种做法——当然前提是对方愿意与您交流这一话题，毕竟每个人的兴趣点不太一样。

另一方面，如果员工从来不向您主动提及私人生活，那么很明显此人十分注重隐私，您也就不要去刻意触碰了。此外，有些经理人更关注新人，而对一些勤勤恳恳的老员工就比较冷落。当然，帮助新员工快速成长是十分必要的，但也请不要对老员工的杰出贡献习以为常。越是优秀的员工，越希望自己的表现得到关注和肯定。

榫接

熟悉木工活的人都知道榫接技术，这是一种将两块木板紧密拼接在一起的高超技术，常见的例子如抽屉的边角等。

榫接技术得名于木板接合处的"榫卯"结构，这些榫卯会随着长度变化而改变宽度，形似燕尾。通过这种结构，两块不同的木板得以牢牢拼接在一起。

有一种强大的管理技巧正是借鉴了"榫接"的理念，也即在员工的个人抱负和公司的发展需求这两种因素之间建立牢固连接。如果您能够将以上两种因素有机结合，那么就一定能打造出一支忠诚而敬业的员工队伍。

管理领域的榫接技术包含两个简单步骤。第一步是深入了解您的团队成员，了解他们的职业和个人目标。为了得到上述问题的答案，您需要和员工建立健康互信的人际关系，并做一名积极的倾听者。随着您与员工之间的关系更亲密，他们往往会与您分享许多业余兴趣，对此请多加留意。

在讨论过程中，不妨直截了当地询问对方："你的职业目标是什么？对未来三年有何规划？"大多数员工都会对您的关心给出积极回应。您还可以大方地告知对方，您正在试图将团队成员的兴趣抱负与整个公司的发展目标结合起来，以免某些员工因误解您的问话意图而产生不安。

第二步则是密切关注目标契合的有利时机。图 21-1 对这一理念做了展示。

比如说，您得知某位下属正在学习西班牙语。几周后，老板在会议上提到公司即将与位于中美洲地区的某家公司建立正式的战略联盟。这也太棒了！您应当努力促成该下属加入这一项目，这将实现一个多赢局面：该下属可以实践和提升自己的西班牙语能力，公司可以更好地与战略伙伴沟通，您也将对这一激动人心的新项目有所贡献。

再举一例。假设您是公司营销部门的经理人，一名负责市场数据收集分析的下属向您透露了自己想要转岗至信息技

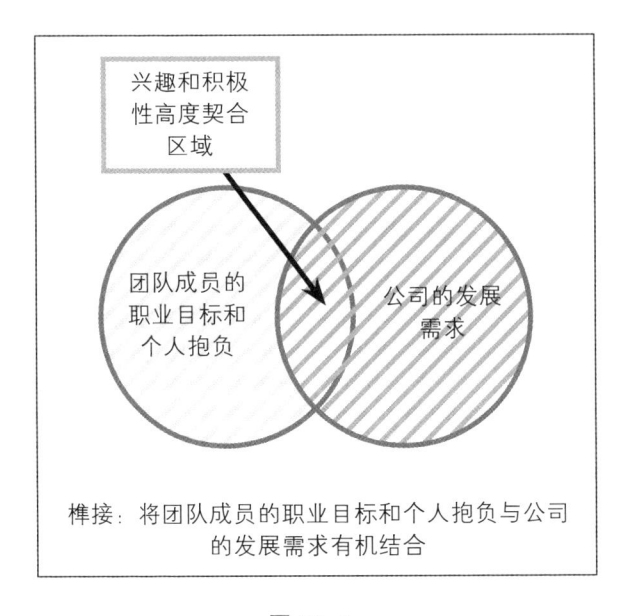

图 21-1

术部门的意愿。那么有朝一日贵部门需要与信息技术部门轮岗交流时，您显然应当大力推荐该下属。他一定会对有机会从事自己感兴趣的工作而欢欣鼓舞，在您手下工作期间也会表现得更卖力。不过，让该下属参与轮岗会不会导致他被信息技术部门长期留用呢？很有可能。但以他的志向，离开您是迟早的事。至少在那之前，他都会热情饱满地为您工作，这就足够了。

您在管理工作中越善于使用榫接技术，就越能够打造出一支兢兢业业的团队。同时您也很好地履行了经理人的另一项主要职责——带领员工不断实现自我超越。

头衔的作用

很多公司都大大低估了头衔的重要性。

给员工授予某项头衔的成本几乎为零，所以您应当不吝使用这一方法，只要注意一碗水端平即可。比如不应出现某个部门滥发头衔，而另一部门严格限制的情况。

银行业以善于运用各种头衔而闻名，虽然其他一些行业的高管对此嗤之以鼻，但笔者认为银行完全知道他们在做什么。从银行客户的角度看，如果在办理消费贷款业务时，接待他的是对方的一位"副行长",而非"贷款专员",那么他会获得更多的满足感;从家庭的角度看,负责银行贷款的"副行长"的配偶,通常也会比"贷款专员"的配偶更加积极支持银行的发展,从而让银行的社会形象进一步提升。其实从工作职责来看,"副行长"可能与"贷款专员"无甚差别,但二者谁的个人形象更加积极?谁的自我激励更加强烈?答案不言自明。

随着您在公司的不断升迁,您可能会在头衔使用方面拥有话语权。此时您需要把握"合理有序"的原则,比如不能让刚进公司的普通文员顶着诸如"行政总裁"之类的超级头衔,因为越高阶的头衔越须匹配更加卓越的表现。

更开明的头衔政策,可以大幅提升公司员工的士气。授予头衔是持续提升员工自尊感和成就感的有效方式。如果贵公司决定实施薪酬冻结,那么不妨考虑向一些业务骨干授予新头衔,这样做往往会产生奇效。即使因为薪酬冻结而一时无法给某位员工加薪,也应对其表现予以充分肯定。应当向员工表明,您很清楚新头衔并不能代替加薪,但这是您目前唯一能够做到的。员工对无法加薪的事实心知肚明,而新头衔可以让其感到自己还是备受赏识的。

每个人都希望自己得到尊重，员工也不例外。请尽力帮助员工获得尊重感，您也将因此受益无穷。

身份待遇

身份待遇也是一种有效的激励因素，在职场上应用广泛。

虽然让公司高管拥有专属盥洗室的做法有些讽刺，但这仍不失为一项不错的福利。类似的例子还包括更宽敞的办公室或工作空间、更优质的办公装潢、专属停车位、公司赞助的会所VIP、高管专用的商务用车、商务飞机等——只有想不到，没有做不到。

所有这些都是为了进一步激发人们的志向和抱负。这些事物本身并不重要，重要的是其所能彰显的身份地位。俗话说，得不到的就是最好的。同理，越是享受不到身份待遇的人，就越看重这种待遇。

公司不应过度推行身份待遇，但如果已经为某些人提供了相关的优待，就不要看不惯他们在这些事情上的斤斤计较。事实上对于大多数人来说，待遇本身并不重要，重要的是它向外界传递出的信号。如果某种身份待遇并不为人所知，那么它也就没有市场了。对您来说，期望获得某些身份待遇并非坏事，但您应保持健康的心态，不要过于看重，否则一旦未能如愿，您可能会感到无比抓狂。

请注意，身份待遇不能用于代替合理的薪酬安排或管理制度。然而很多经理人乃至公司并不这么想，他们对待员工十分苛刻，支付的薪酬也缺乏竞争力，却试图用一些身份待遇作为弥补。这种安排简直就是在侮辱广大打工人的智商。

身份待遇的作用是锦上添花，它不能反客为主，但如果运用得当（比如结合人类行为学的某些原理），它不失为一柄有效的管理利器。

成功欲

有些员工具有强烈的成功欲。通常情况下，这些员工已经在安全、薪酬、工作环境、地位、奖励等方面获得满足，于是他们会希望参与公司决策过程，持续提升个人才能，追寻新的挑战项目以及获得进一步的提拔。如果您能够满足他们的以上需求，那么他们便会不知疲倦地挥洒激情，工作业绩也会随之水涨船高。

激励的主观性

许多新晋经理人都干劲十足,这很好。不过他们往往会误以为员工也会被同样的激励因素所驱动。但事实往往并非如此。请注意,不同员工的激励因素不尽相同——没关系,只要您别将自己的信念或价值观强加给他人就好。另外,激励因素是有时效性的,也许您现在的工作动力是追求成就感,而等到下个月,当您贷了一大笔款用于购置新房,那么今后可能就不得不为了保住一份稳定而高薪的工作努力奋斗了。对于团队成员的激励因素,不要主观臆断,而应探明实情,再采取适当的应对之策。

第二十二章

风险倾向

实践研究为我们进一步认知个人和公司的风险倾向奠定了基础。通过研究，我们可以量化风险倾向，并测算出相应的"风险倾向值"（也即"风险熵"）。该项研究在笔者的著作《风险的力量——手把手教您"选"出自己的成功之路》（*The Power of Risk—How Intelligent Choices Will Make You More Successful, A Step-by-Step Guide*）中有所提及。本章将会介绍"风险熵"的测算方法，不过在此之前，让我们先来了解一下何谓"风险倾向"。

风险倾向

接受新的管理岗位，意味着您选择了直面风险，主要表现为：从一个驾轻就熟的岗位转换到另一个充满挑战和未知的领域。这种选择表明您愿意承担一定的职业风险（当然，您也许事先做过背景调查和全面评估），而您做出决定的时间长短，往往能反映出您的风险倾向。如果您不假思索便接受了新的岗位，那么您可能属于风险偏好者（如果您没有提前做过充分评估的话）；如果您花费了大量时间权衡利弊，那么您可能属于风险厌恶者。

"风险熵"的测算

《风险的力量》一书中介绍了一种经数百名参与者亲测有效的风险评估工具。评估过程简单易行，只需要对照以下风险列表，根据您的实际情况在 1 到 10 的区间内给自己评分即可。其中 1 代表极度厌恶风险，10 则代表极度偏好风险。评分不一定要采取整数形式，4 分、6 分、4.6 分、5.7 分等，都是可取的：

- 身体风险：可能对个人身体健康造成伤害的活动。例如摩托运动、漂流、攀岩或跳伞等；
- 职业风险：工作变更、承担新职责、追求晋升等；
- 财务风险：投资、借贷方面的风险承受能力；
- 社交风险：与陌生人接触，或是让自己置身于陌生的、可能引发尴尬的社会环境等；

✎ 智力风险：破解难题、研究颠覆性信息或是阅读烧脑书籍的意愿；

✎ 创作风险：绘画、写作或创意设计等；

✎ 恋爱风险：建立亲密关系、与某人展开一段前途未卜的恋情、做出山盟海誓等；

✎ 情感风险：愿意暴露情感上的脆弱面；

✎ 信念风险：愿意相信某些难以证明或阐释的理念。

现在，请将您对以上 9 种不同类型风险的评分加总，再除以 9，得出的平均分便是您的"风险熵"。

"风险熵"的比较

现在您已经求出了自己的"风险熵"，下面我们来讨论它的实际意义。相关研究收集了 300 多位评测者的结果数据，得出"风险熵"的平均值为 6.5，其中男性的平均值略高，为 6.7，女性的平均值为 6.3。通过对比以上平均值，您便可以了解您的相对风险倾向。如果您的得分显著高于 6.5 的平均值，那么您应当意识到自己的观点与大多数人不同，表现为更加偏好风险和不确定性。虽然这未尝不是一个闪光点，但却会让许多风险厌恶者感到不安。所以，让自己建立"风险熵"的意识十分重要，这有助于提升您与他人的沟通效率。

另一方面，如果您的得分显著低于 6.5 的平均值，那么您同样会和大多数人有所差异，也即比大多数人更加谨小慎微。您做出每一个决定前都会思虑再三，有时还会对一些行事草率的人怀有偏见。

团队成员的风险倾向

如果您想让团队成员也了解自己的风险倾向，不妨采取某种"自我认知练习"的趣味形式，引导员工对自己的"风险熵"进行评估和分享（当然要充分尊重个人意愿）。这种做法有很多益处：其一，员工可以了解到风险倾向是一项重要的个人特质；其二，他们还可以更好地理解，为何不同的人对待同一件事物的观点会千差万别。

如何运用风险倾向

您对团队成员风险倾向的了解，将从多个方面提升您的管理水平。比如在分配任务时，您应当考虑候选员工的风险倾向。如果目标任务需要大量的分析和数据收集，那么您最好选择风险厌恶型的员工；如果目标任务对时效性要求很高，必须速战速决，那么您最好选择风险偏好型的员工。总之，请对每位团队成员的风险倾向了然于胸，这样您在布置任务和管理项目团队或部门时便会更加游刃有余。

群体社会化效应

如果您想要在管理工作上有所提升，不妨关注社会学领域中的一个重要原理，也即"群体社会化"。这一原理告诉我们，个人特质（包括风险倾向在内）会在群体（小组、团队、部门、公司）氛围的作用下获得增益。举例来说，如果您构建了一支完全由风险偏好者组成的团队，那么该团队的总体风险偏好程度会比所有个体的水平更高，原因在于成员们在群体氛围的激励下变得更加偏好风险。

当您需要组建一支勇猛果敢的团队时，便应当营造这种激励氛围。您只需要挑选清一色的风险偏好者，便可达成理想的增益效果。

类似地，当您需要一支行事周密的团队来应对某些挑战时，便可挑选清一色的风险厌恶者。

根据群体社会化原理，您还可以将风险偏好者和厌恶者混搭，从而实现平抑效果，也即消除由风险倾向单一所引发的增益效应。

这也许正是您想要实现的理想状态，也即由部分风险偏好者和部分风险厌恶者一起营造的一种良性的紧张氛围。如果您希望团队既能做到稳扎稳打，又不至于被过多的顾虑拖慢进度，那么，安排不同风险倾向的成员加入团队，形成相互制约，便是顺利实现团队目标的最优解。

风险倾向的波动

风险倾向会随着个人的成功、挫折以及职业和个人生活中其他因素的影响而不断变化。举例来说，您可能会发现一旦人到中年、孩子长大成人可以独立生活时，便会对风险更加适应。因此在这个时间节点上重新选择职业方向的人比比皆是。所以，如果您的某位团队成员当前的"风险熵"为4.5，并不表示一年后也会如此。到那时，该数值可能上升、可能下降，也可能保持不变。

风险倾向意识

您可能已经对团队成员的个性特征做过一轮心理盘点，

也许这一过程您自己都没有意识到，但如果让您评估每位团队成员的"风险熵"，您没准都能猜个八九不离十。这种不断增强的风险倾向意识，将会对您的管理工作大有裨益。

请谨记，世界上并没有所谓"理想的"或"可取的"风险倾向。风险厌恶者在做分析研究等"细活"上往往比风险偏好者做得更好。出于对风险的厌恶，他们做事一般都小心翼翼、四平八稳，追求更多的调查和数据支持。虽然这种风格容易引起某些行动派的反感，但他们的确在以自己的方式为团队做出宝贵的贡献。

另一方面，风险偏好者具有的行动积极性，往往会成为开启某个重要项目的金钥匙。作为一名经理人，您的目标不是改变团队成员的风险倾向，而是充分掌握相关情况，以便更好地激励和发挥他们的卓越才干。

试想一下，如果您对团队成员的风险倾向知之甚少，那么您可能会误以为每个人的风险倾向都差不多。再假设您给两位团队成员（一位风险偏好者和一位风险厌恶者）安排了一项临时任务，让他们前往外地开辟某项新业务。风险偏好者往往会喜出望外，恨不得立刻进入新的环境、认识新的朋友、发掘新的美食、感受新的文化甚至找到新的乐子。

然而，风险厌恶者的脑袋里面可能就充斥着各种烦恼，比如背井离乡、人生地不熟、需要更换生活服务商、不知如何与周围人相处等。

毋庸多言，每位团队成员对于同一项任务所展现出的态度都是不尽相同的。如果您不曾考虑过他们的风险倾向，那么很可能会对每个人的不同反应感到大惑不解。尽管您可以动用职权，强行摊派某些临时任务，但更可取的做法是，基于员工的风险倾向安排工作。

在沟通中把握风险倾向

如果您希望能更好地与员工沟通并激励对方，那么一定要将对方的风险倾向考虑在内。此外，在与上司共事时，了解对方的风险倾向也是至关重要的。请设法了解公司各位高管的风险倾向，并给他们从 1 到 10 进行评分。

一旦了解上司的风险倾向，您在向他们汇报工作时便能有的放矢。对于风险厌恶的上司，您应当向他们着重推介各种风险防控的有效措施；而对于风险偏好的上司，则应着重强调某个创意所能带来的发展机遇。反过来说，请勿在风险偏好者面前大力鼓吹您的风控措施，这一套对他们来说没有太大吸引力。

综上所述，了解自己和他人的风险倾向，以及各种倾向的相对程度，对您做好管理工作很有价值。

适当提问

假设您的团队成员并未测算过自己的"风险熵"或并未与您分享，那么即使您对他们的风险倾向有一些大致的判断，也最好不要草草下定结论。您可以通过一些试探性的问题帮助您做出更准确的评估。比如您可以向对方提问："在接手一项新任务时，你觉得哪些信息最重要？我也不太清楚，所以想听听你的意见，以便今后的工作。"这种询问完全没有任何诱骗意味，只是为了更好地了解团队成员，从而有效提升合作效率。

好好享受您日益成熟的风险倾向意识吧，它将在您的成功之路上发挥异常强大的功效。

第二十三章

鼓励担当和创新

现代科技的长足进步和国内外竞争的日趋激烈，使得商业发展节奏也随之不断提速。明明不久之前，人们还都过着没有电子邮件、没有手机、没有短信轰炸、没有视频会议甚至快递没有隔日送达的生活。仅仅在最近的几十年中，人们才拥有了这些加速商业进程的工具；也仅仅是在最近的几十年中，企业才被迫卷入了激烈的国际竞争中。

如果所有公司仍然延续传统的、层层上报的管理体系和机制，问题倒还不大。然而随着科技进步，更先进的通信手段大大加速了决策速率，老式的决策手段可能到了不得不改进的地步。随着管理生涯的延续，您会发现对决策效率的要求越来越高，所以您的管理风格也应与时俱进，才能跟得上这个瞬息万变的世界。

当今时代，集中式决策的公司架构已经疲态尽显。为了适应日益加快的商业节奏，即使身处较低层级的管理者和员工也应当具备良好的决策能力。简言之，您的公司和团队需要变得更灵活，如果团队里事无巨细都必须由您亲自拍板，那么这种组织架构无论对您还是对整个团队来说都极为不利。

如何应对决策失误

当团队的整体目标清晰明确时，员工的决策质量也会提高。不过即便如此，谁能保证每位员工都能做出与您相同的决策呢？他们的决策质量总会有好有坏，对吧？

于是问题来了：假设您乘坐飞机出趟远门或是躺在游艇上享受假期，抑或正与某位大客户洽谈……具体细节并不重要，重要的是您的某位下属因一时联系不上您，便自主做出了决策，或者说即使能够联系上您，他还是响应您一直以来的倡导，自主做出了决策。该决策在当时看来还马马虎虎，但随着事态的演进，各种弊端开始渐渐显现，并且让您承担了高昂的代价。那么请问您将如何应对呢？

您会把该下属喊进办公室，告诉他事情被弄砸了吗？您会指责他根本就不应该自作主张吗？您会交代他今后所有事情都要交由您定夺吗？

如果您采取了上述任何行动，那么您认为该下属今后遇到类似情况时,他还会再次挺身而出吗?几乎不可能了吧。所以这种结果真的是您想看到的吗?您真的希望该下属在今后很长一段时间内都不敢主动承担责任吗?

如果您对下属的决策失误予以惩罚或责难,那么无异于自断臂膀。在此之前您一直向团队成员灌输的"积极主动""深谋远虑""主人翁意识""开拓进取"等理念都将化为泡影。而且这种影响并非局限于决策失误的下属个人,还会蔓延到其他团队成员,导致其他人也纷纷选择明哲保身。

下属的决策失误是难以避免的。一旦遇到这种情况,您应当保持克制,眼光放长远。为了让整个团队更加灵活高效,您可以采取以下步骤,持续激发团队成员的主观能动性并鼓励分散决策:

1. 与相关人员一起复盘;
2. 避免责难;
3. 请表明您的目标是帮助大家吸取经验教训,避免重蹈覆辙;
4. 重点讨论如何改进工作以取得更好的成效;
5. 在强调"同样的错误不可再犯"的同时,对员工主动担当责任的行为予以充分肯定,并鼓励大家再接再厉。

通过上述步骤,您便向团队成员发出了明确的信息,表明您对于充分赋权的态度是严肃认真的。遇到下属捅娄子的情况,难免会令人心中不快,但倘若能够冷静处理,反倒可能把坏事变成好事。

您还可以通过某种委婉的方式向上司汇报相关情况,让他了解造成失误的宏观背景、团队成员的担当精神以及您从中获得的经验教训。虽然谁都不愿看到负面结果,但这绝非常态,而且往往会成为让团队成员成长的重要一课。

鼓励创新

激烈的市场竞争,不但对企业的灵活性和敏捷度提出更高要求,还持续考验着企业的创新能力,例如新产品、新服务、新模式的开发设计等。有些创新是颠覆性的,如智能音箱或自动驾驶汽车,当然这些都是比较少见的,绝大多数创新是渐进式的,只要您做出某些改良,都可以算作创新。

创新是至关重要的。如果企业无法持续创新,那么便很难持续生存，更不用说取得成功了。请回顾一下贵公司的经营模式、服务和产品在过去五年中经历了哪些变化，所有这些变化都是某种形式的创新，是企业保持和提升自身竞争力不可或缺的。

创新总是伴随着风险，而风险则意味着结果的不确定性。换言之，如果结果是板上钉钉的，就不称之为风险了。那么，您应当如何鼓励团队成员在成败未卜的情况下有所创新呢？答案就是既奖励结果，又奖励过程。如果您只奖励成功的结果，那么团队的创新意愿便会低至冰点。当某次创新尝试的结果不尽如人意时，您可以采取与处理决策失误类似的一系列步骤：

1. 与相关人员一起复盘创新过程；
2. 避免责难；
3. 请表明您的目标是帮助大家吸取经验教训，以便在下次尝试中取得进展；
4. 重点讨论如何改进工作以取得更好的成效；
5. 在指出本次尝试未能达到预期效果的同时，对员工的创新意愿予以充分肯定，并鼓励大家再接再厉。

为什么我们要关注负面结果呢？因为对理想结果做出恰当反应并不难，给予所有人祝贺和奖励即可。而您对负面或不太满意的结果的处理方式，将对团队的创新氛围起到决定作用。

像奖励成果一样奖励创新意识

一个有趣的现象是，您激励什么，就会得到什么。如果您愿意为某种特定产品支付额外的销售佣金，那么您便会看到该产品的销量显著上升。创新亦是如此。然而问题在于，创新过程天然存在着不确定性，如果您只奖励成功的结果，那么团队的创新动力反而会下降，因为谁都害怕看到失败的结果。

相应的解决方案是，建立一套针对创新意识的奖励体系，无须计较结果成败。这种想法听上去可能有些奇怪，甚至可能引发一些顾虑，毕竟整个商业世界的逻辑都是赢家通吃。这的确是事实，但培养创新氛围需要遵循一套截然不同甚至有些违背常理的做法。您必须对创意本身以及员工为此付出的辛勤努力予以肯定和奖励，无论最终是否得到理想的结果。

如果这种想法让您一时无法接受，那么不妨思考一下，有多少成功是完全归功于个人努力，而无须机缘巧合助力的？又有多少失败是完全归咎于运作失当，而没有不可抗力（比如市场或竞争环境突然变化）影响的？完全符合上述条件的案例可能寥寥无几。请再试想一下，如果只嘉奖成功的个人或团队，究竟是在鼓励创新，还是在阻碍它？

落实到具体行动上，您就必须像对待成功事件一样对待那些计划合理且执行得当，但结果并不理想的创新活动，给予同样的绩效评价、奖金、嘉奖和表彰等。如果您专门设立了创新奖，那么就应当分设一些子奖项，比如对取得理想成果的创新活动授予"创新奖"，对结果虽不理想，但在组织和实施方面可圈可点的勇敢尝试授予"奋斗奖"，诸如此类。

当然，对于那些因未能合理计划和执行而导致失败的项目，就另当别论了。您显然不可能嘉奖一个策划或执行不力的项目。只有那些勤勉开拓，却因某些不可抗力（比如遭遇中途撤资、外部环境突然变化等）因素而遗憾折戟的个人和团队才值得您的认可和嘉奖。

那么，这种只看过程、不看结果的做法，会不会对成功团队的士气造成一定打击呢？也许会吧。如果真的出现这种情况，别忘了提醒团队成员，万一有朝一日他们的某些项目也因欠缺一些运气而导致失利呢？

无论是鼓励担当也好、创新也好，您都应当明确告知团队成员，您看重的并非一时的成败，而是实际行动中所体现出的这两种品质。您的激励手段越高明，团队成员就会越投入和享受工作，从而达成更多的创新与突破。

第二十四章

改善业绩

作为经理人，您的一个很大的职责在于寻求改善业绩的方法，也即如何让任务完成得更快、更有效、成本更低以及成功率更高。这就要求您时刻关注各种改良机会，同时也要进一步强化执行能力。

如果用射击练习来打比方的话，"完全不瞄准"和"一直在瞄准"均非取胜之道，必须做到"准确瞄准、果断射击"，才能获得成功。此外，您还应考虑从扣动扳机到击中靶子的过程中是否存在改善空间，如果善加利用，可能会让您的命中率显著提升。所以您需要学习如何巧妙应对不确定性。

巧妙驾驭风险

承担风险并非易事，往往需要赌上自己的名誉。因为您的努力可能会失败，而失败和成功给您带来的影响有着天壤之别。既然我们的目标是尽可能地提高成功率，那么您就需要巧妙地应对各种不确定性。这一理念同样引自《风险的力量》一书。

所谓风险，是指结果的不确定性。从这个意义上说，您所从事的大多数工作都包含一定风险。所以必须借助必要的手段、创意、策略、流程等，巧妙地驾驭风险，抵达成功的彼岸。

巧妙驾驭风险的精髓在于尽可能促成积极结果、规避负面结果。具体包含以下六个步骤：

1. 风险识别；
2. 结果评估；
3. 提升成功率；
4. 结果重估；
5. 底线测试；
6. 决策与执行。

风险识别

虽然听上去很轻松，但识别风险的确是非常关键的一步。在您考虑行动策略之前，您必须明确识别风险的类型和性质，并尽可能简要地记录在案。

一个优质的风险识别描述可以是这样的："投入25万美金，并额外招聘或调配2名员工，以期在18个月内将海外销售额提升40%。"假如仅仅描述成"提升海外销售额"便不太理想了。二者之间的区别在于，优质的描述能够明确指出具体目标、具体行动以及不确定性。

再来看一个优质描述："投入18.5万美金购置存货自动控制系统，可望将库存损失降低8%。"以及一个欠佳的描述："购置一个可以降低库存损失的存货自动控制系统。"

二者之间的差别一目了然。在识别风险时，您应当基于所有已知信息，然后尽可能描述具体。

结果评估

接下来就是评估可能出现的各种结果，以及各自的概率。除非该项目需要投入大量资金和精力，否则无须把评估过程搞得太过复杂。在大多数情况下，只要预估一个最佳结果、一个中位结果和一个最坏结果即可。

以上一节中关于提升海外销售额的项目为例，预期可能出现如下结果：

最佳结果：海外销售额提升 40%；

中位结果：海外销售额提升 20%；

最坏结果：海外销售额未见提升。

接下来，请对市场行情、经济活力、竞争环境、员工素质，以及其他影响因素进行细致评估，再为每种预期结果出现的可能性赋值，采取百分比的形式，大致如下：

最佳结果：海外销售额提升 40%，概率为 30%；

中位结果：海外销售额提升 20%，概率为 50%；

最坏结果：海外销售额未见提升，概率为 20%。

以上可以看出，所有预期结果的可能性总和为 100%。您在评估时，也应当注意这一点。

让我们看看目前为止取得了哪些进展。首先您已经对相关的风险、手段、设想或项目进行了清晰描述。这本身就很有价值，因为您可以明确评估工作的重点，避免被一些次要因素牵扯太多精力；您还预估了可能出现的各种结果，并对相应的概率做了测算。在这一过程中，您获得了大量的心智陶冶。即使完全抛开后续步骤，您也能从中受益。因为您对项目情况和预期目标都做了深入思考。

提升成功率

这是巧妙驾驭风险的六大步骤中最重要也是最有价值的一步。找对方法是提升成功率的关键，笔者将此类"提高成功可能性的措施"统称为"负鼠策略"，取意负鼠慵懒外表之下的高超生存智慧。

"负鼠策略"指的是所有能够提升成功率或降低失败率的措施。以下是一些具有代表性的"负鼠策略"：

- 雇用具有相关成功经验的员工。比如针对海外销售项目，您可以招聘具有海外市场销售经验的人士，如果对方恰巧对您需要贩售的产品以及目标国家或地区的市场也很熟悉，那就再好不过了。这一策略的关键在于如何充分利用对方所拥有的宝贵经验。
- 购买市场调研，以便对目标国家或地区的市场潜力和竞争环境进行更权威的评估。
- 与目标国家或地区当地经销商或供应商合作，以获得当地的市场情报和销售渠道。

"负鼠策略"并非笔者的原创,而是所有经理人在日常工作中都会试图寻找的降低风险的方法。开发和实施"负鼠策略"是您展现创意和拓展思维的绝佳机遇。在思考"负鼠策略"时,请跳出传统思维的条条框框。即使您无法将每一个创意都付诸实践,也必须让自己放飞思想,否则难以激发出智慧的火花。请时常向自己提出"如果……会怎样"之类的问题,比如"如果我们将顶尖人才纳入麾下会怎样?""如果我们在思想上独树一帜会怎样?""如果我们能创造明显的优势会怎样?"接着继续追问自己,如何才能实现以上这些"如果"。

许多"负鼠策略"都离不开调查研究。请梳理一下您在评估结果时做出的所有前提假设,然后再想想应当如何对这些假设进行科学验证。您所掌握的信息越可靠,对您的决策就越有利。不过请不要让自己陷入另一个误区——只要对任何问题心存疑惑,便不敢轻举妄动。那样的话,您会与很多机会失之交臂。

结果重估

如果您制订出有效的"负鼠策略"并付诸实施,那么它们将对预期结果产生积极影响。正因如此,您需要更新之前评估的结果。为了便于理解,假设您通过执行"负鼠策略",使预期结果发生了如下改变:

最佳结果:海外销售额提升40%,概率从30%提升至50%;

中位结果:海外销售额提升20%,概率从50%下降至40%;

最坏结果:海外销售额未见提升,概率从20%下降至10%。

以上可以看出,结果重估后所有预期结果概率的总和仍为100%。

"负鼠策略"会带来非常深远的影响,在上例中表现为显著改善了海外销售额提升的可能性。这就是巧妙驾驭风险的成效。

底线测试

在决定是否将风险项目付诸实施之前,您应当适时进行底线测试。简言之,就是谨慎评估可能出现的最坏结果,以及能否承受该结果造成的影响。

沿用前述案例,最坏结果就是在投入 25 万美金之后,仍然无法提升海外销售额。问题在于,是否能够接受这一结果?如果该结果将导致公司倒闭或个人职业生涯毁于一旦,那么多半就是不可接受的;如果该结果除了令人感到无比遗憾之外,并不会造成实质性的破坏,那么它便可以通过您的底线测试。下面将介绍巧妙驾驭风险的最后一步。

决策与执行

现在,您已经瞄准了明确的风险项目,制订了相应的"负鼠策略",量化评估了各种预期结果,并完成了严格的底线测试,是时候做出决策了。在这之前,您可能还需要再三确认自己将不断制订和实施更多的"负鼠策略"。在本章的开头,为了讨论如何驾驭风险,我们援引了射击打靶的例子,将风险决策比作对整个射击过程(包括子弹离开枪膛后)的全面掌控。这便是"负鼠策略"存在的意义。只要您充分发挥洒创意与汗水，便可以持续提升获得成功的可能性。

到了最终拍板的时刻，前进还是放弃，在此一举。需要指出的是，有时候果断放弃也不失为一种上策。只要能够做到广罗信息和深思熟虑，那么无论做出何种决定，您都会满怀自信。这也是卓越管理的应有之义。

第二十五章

代　沟

新晋经理人的年龄并无限定，从20岁到60岁之间均有可能。总的来说，上下级之间的年龄差异可能表现为以下几种情况：

1. 经理人年长，下属年轻；
2. 经理人年轻，下属年长；
3. 经理人年长（或年轻），下属年龄跨度较大。

有时候，年轻的经理人和年长的下属之间容易产生矛盾。有些老员工不喜欢在年轻上司手下做事，这可能是员工的观念问题，也可能是经理人的自身问题（如太过心浮气躁）。那么让我们首先来解决年轻经理人应当如何领导老员工的问题。

如果您年纪轻轻，那么请尽量克制住急性子，让自己的步伐更稳重一些。您需要为自己打造一个"少年老成"的"人设",通过切实改变您的行事风格,让下属对您刮目相看。

请在做决策时三思而后行,控制好节奏,不要滥用权力,也不要操之过急。如果做决策的速度太快,很容易给老员工留下行事草率的印象。因为您太过年轻,所以很容易遭到"双重标准"的针对。具体来说,如果一位年长的经理人做事风风火火,就是所谓的"雷厉风行";而如果同样的表现发生在年轻经理人身上,就很容易被解读为"轻率冒进"。没办法,这就是少年得志的代价。对此,您的应对之策便是让时间来慢慢消解下属对您的不爽,在这之前,千万不要轻举妄动,以免陷入被动。

需要规避的错误

许多新手经理人一获得权力便开始大刀阔斧地推进改革,完全不按循序渐进的章法出牌。其实这样激进的做法会惹恼许多人,尤其是那些具备一定资历的老员工。

还有一种错误,就是在下属面前不懂装懂。这种做法很容易被内行人看穿。事实上,您并不需要让自己做到无所不知,如果下属提出的问题涉及您的知识盲区,不妨坦然回答:

"这个问题提得很好,倒是把我给难住了,给我点时间想想然后再答复你吧。"只要您坦诚相待,而不是摆出一副"懂王"的架势,那么老员工多半会表示理解,毕竟您阅历尚浅,不可能什么都会。

作为一名优秀的经理人,您应当在第一时间,并且经常向下属表明,您对他们每个人的福利都很在乎。从某种意义上来说,经理人也是一位推销员,您向员工"贩售"的是一位好领导,获得的回报则是下属对您的支持与拥戴。

年轻经理人的管理之道

如果想要给老员工留下更好的印象,那么请放慢您的决策速度,即使在处理一些显而易见的问题时也应如此。虽然您本可以速战速决,但因为您刚刚履新,应该适当放缓节奏,以便在下属面前树立一个深思熟虑的形象。

比方说,如果某位老员工向您提出了一个他认为非常重要的问题,即使您觉得答案一目了然,也不妨回答:"让我考虑一下,明天一早给您答复。"这种做法可以反映出您是一位心思缜密而周到的管理者,而非不懂装懂的三脚猫。同时您也展现出了一定的城府,而不像许多年轻的经理人一样毛毛躁躁。

关于上例,还有一种回答方法是:"您对此有何建议?"或者"您认为该怎么做呢?"如果该员工提出的问题让您感到此人很有想法,不妨听听对方的见解如何。不过如果该员工的想法让您一时难以判断,或是对方讲话时容易跑题,那么还是不要让他接上话茬比较好。

员工的代际特征

一代人有一代人的特点。在大多数公司里您都会与至少三个年代的员工共事。以 21 世纪初的美国为例,主流的工作年龄层大致分为以下三种:婴儿潮一代(1946~1964 年出生)、X 世代(1965~1976 年出生)以及 Y 世代(1977~1995 年出生)。尊重每代人共有的特征和激励因素是十分重要的。虽然每个世代都会有一些特立独行的人,但了解大多数人的主流特征对您的管理工作非常有利,详见表 25-1。

- "婴儿潮一代"大多希望自己的专业技能受到尊重,偏好奖金和晋升等传统的激励方式。他们雄心勃勃且

表 25-1　人才管理矩阵

	出生年代	特征	驱动因素	价值观	激励与回报
婴儿潮一代	1946~1964	志存高远 目标导向 踏实肯干	薪酬 晋升 表彰 退休金	重视专业技能 重视头衔	薪酬 不定期反馈 职权 特别待遇
X世代	1965~1976	自我驱动 雄心勃勃 向往独立 自主	奖金/股权 工作灵活度	追求自由灵活 独立工作 自我提升 希望获得正式和公开的表彰	薪酬 工作灵活度 远程办公 公费进修
Y世代 （又名 "千禧 一代"）	1977~1995	乐观 多面手 向往自由 灵活	获得尊重 上进心 自己的意见受到重视 使命感	热爱工作 信息获取能力强 积极与高层互动 重视技能培训 追求成长进步的机会 乐于听取反馈	薪酬与福利 个人时间 工作灵活度

目标明确，工作积极性很强；他们崇尚谦虚低调、德才配位，认为这些品质是不断取得成功的关键。除了物质报酬外，他们对专属停车位和高档办公室等身份待遇也很受用。

- "X世代"同样目标远大，不过相比之下他们更独立自主，非常注重灵活和独立的工作氛围，不喜欢被管得太紧。他们重视专业能力的提升，因此非常欢迎公费培训学习。除了薪酬之外，灵活的工作时间和独立的远程办公模式都可以很好地激发他们的斗志。

- "Y世代"（又名"千禧一代"）生性乐观、崇尚技术、渴望自由。他们同样希望自己的付出和想法得到重视。他们具有很强的上进心和使命感，对工作充满热情。作为自小便接触各种高科技通信手段的一代人，"Y世代"十分重视信息的收集和反馈以及与公司高层的沟通。与"X世代"一样，"Y世代"也偏好灵活的工作安排。

可以看出的是，"X世代"和"Y世代"都希望对自己的工作拥有广泛的自主权，他们的风格往往是"告诉我需要做些什么，然后让我自己来搞定"。如果您管得太宽，反而会引起他们的反感。您还会发现，这两个世代的员工往往比他们的前辈更加珍惜个人时间。如果您试图通过支付额外报酬的方式来鼓励他们放弃个人时间用于加班，他们未必愿意买账。

是经理，也是导师

卓越员工往往都追求专业精进，即在广度和深度上的不断提升。您可以扮演一位导师的角色，在员工自我进步的过程中给予帮助指导，促使他们保持高效。您在员工职业发展过程中给予的支持越多，便越能激发他们的工作热情。

扮演导师角色意味着您应当充分考量下属的职业发展目标，将这种目标与公司的需求有机结合，并提供力所能及的帮助。如果您被员工视为个人职业发展道路上的一盏明灯，那么所有优秀而上进的员工都会主动向您靠拢，您的麾下永远都人才济济。

对于年轻员工来说，重要的不仅是身边有这么一位导师存在，还在于导师这一角色所营造出的良好氛围。有些年轻员工会对上司的权威压制或行为干预感到不爽。因此，您应当尝试多种不同的方式，与员工之间建立一种亦师亦友的关系。通过您的指导和支持，助力员工在公司发展壮大的过程中实现个人的奋斗目标，这便是管理工作的双赢之道。

您可能会感到不解："我为什么要给这帮小年轻特殊待遇呢？难道不应该是他们顺应社会规则，主动迎合我吗？"您当然可以这么想，但这并非顺应潮流的做法。上述观念忽视了一个事实，也即世界上并不存在某个放之四海而皆准的单一管理方式。作为一名优秀的经理人，如果想要最大限度地激发员工潜力，就必须深入了解每个人的独有特质，并采取差异化的策略，这就好比优秀的球队教练会根据球员的特点因材施教一样。此外，随着越来越多的年轻人进入劳动力队伍，如果您不能适时调整自己的管理风格，那么很容易被时代的洪流所湮没。

最后请注意，千万不要把导师的角色和朋友混为一谈。虽然与下属之间建立良性关系是件好事，但千万不要自作多情，将自己定位成下属的知心好友。

其他建议

当您刚接手管理工作时，不妨先了解一下每位下属的历史绩效情况。请不要对员工的历史表现产生刻板印象。虽然绩效评价能够大致反映员工表现，但总有一些盲点是纸质评估难以覆盖的。您的身边没准就有某位以因循守旧著称的员工，在一位新经理的循循善诱之下，萌发了许多创新思想。所以对一些历史数据欠佳的员工不要早早放弃治疗，也许您就是那位可以激活他们的"炼金术士"呢。

第二十六章

管理远程办公员工

出于业务需要,有一些员工可能会常驻异地,还有一些可能偶尔或定期需要远程办公。如果您的团队中出现以上情况,那么您必须予以有效管理。

远程办公的原因有很多,一是为了降低劳动力成本,二是可以与客户或供应商保持密切联系。此外,时差也是一个重要因素。对于一些IT公司来说,为了更好地提供24小时支援,有必要让工作团队遍布世界各地。

对于远程办公的利弊一直争议不断。一些知名公司已经不再允许远程办公或在家办公。当然,如果贵公司还保留这些选项的话,您可能就需要学会如何有效管理远程办公团队了。

异地派驻员工

您应当尽可能对本地和异地派驻员工一视同仁,这一点至关重要。您与异地员工的联系和沟通频率不应低于本地员工。请善加利用电子邮件、文本信息、电话、视频等远程沟通工具。其中,视频通话或视频会议可以提供更丰富的通信元素。

和对待本地的直接下属一样,您最好每周与异地员工开展一次一对一谈话,并与他们建立定期会面机制——无论是亲自前往异地慰问,还是让他们回来总部待两天,都是不错的选择。您应当每年至少前往派驻地点一次,以及将员工从异地召回一次,具体频率可视距离远近而定。创造与异地员工直接会面的机会非常重要,毕竟没有任何其他方式能比当面沟通更好地了解员工。此外,让异地员工常回来看看,也有助于他们更好地与其他团队成员打成一片。

预期目标

您需要为异地员工设置明确的工作目标,并做成书面文档,以便对方了解您对他们的期望。这些工作目标包括:

- 业绩目标;
- 报告要求;
- 对接效率(您与员工双方);

- 响应速度（您与员工双方）；
- 每周工作时间。

有效管理异地员工的核心要义在于充分明确工作目标和时间安排（需要完成的任务和截止日期）。关于如何对异地员工进行有效授权，请参见本书第三十六章的相关介绍。

远程办公的员工

对全职在家远程办公的团队成员的处理方式可参照前述对异地员工的管理办法。而对于偶尔需要远程办公的员工来说，情况就相对简单一些。

有些员工可能需要每周在家里工作一两天，但他们仍然会定期来公司办公，因此您有足够的机会与他们进行必要的当面沟通，以提高工作效率。对于远程办公的员工，您也应当制订书面的预期目标，具体内容可参照对异地员工的管理办法；对于偶尔需要远程办公的员工，您最好也能与他们保持每周一次的当面会谈。再次强调，管理异地和远程办公人员的关键在于设定明确的工作目标和时间节点，并以此作为日后追责的书面依据。

第二十七章

办公场合与社交媒体

社交媒体已经成为人们日常生活的一部分，您的团队成员很可能就是其中的活跃用户。作为经理人，您需要积极应对这些社交媒体可能会对工作环境产生的影响。

在工作场合使用社交媒体的情况至少有以下四种，分别是：

1. 官方用途：使用社交媒体平台向公众发表官方信息；
2. 工作需要：使用社交媒体完成某项工作任务，例如调研、招聘或是推销公司的产品和服务；
3. 私人用途（工作期间）：在工作时间或通过办公设备访问个人社交媒体账户；
4. 私人用途（非工作期间）：同样属于私人性质的使用，但并未利用工作时间或办公设备。

其中，官方用途一般是负责公共关系、投资者关系、信息公开以及类似职能的部门专用。除非您的团队负责与上述领域相关的工作，否则您不大会接触到该用途。

出于工作需要而使用社交媒体也是常见的行为。如果您的员工需要使用社交媒体完成某项工作任务，那么您应当通过书面形式设定使用规则，明确哪些内容可以发布，哪些不可以发布。

在工作时间出于私人目的而使用社交媒体的行为需要特别关注，如果对其视而不见，很可能引发不良后果。许多公司明令禁止员工利用工作时间或办公设备操作社交媒体，同样也不允许用公司的电邮地址注册个人社交媒体账户。颁布此类政策的目的在于防止个人社交媒体影响工作效率，以及可能引发的责任风险等。如果贵公司也制定了相关政策，请您务必明确传达给团队成员。

与其他工作纪律一样，您需要严肃处理不合规问题。不过为了检查员工是否违反公司规定而监控个人账户的做法可能存在一定风险，请务必事先咨询公司人力资源或法务部门的专业建议。

一些公司或经理人可能会对员工个人使用社交媒体的行

为采取相对宽松的政策，比如允许在休息时间通过私人设备使用社交媒体，或是只要能够提出正当理由，便可以使用社交媒体。无论制定何种政策，关键在于规则明晰、沟通到位。

至于员工利用个人时间和私人设备使用社交媒体的情况，通常与公司无关。不过如果员工私自发布公司机密或专有信息，抑或在网上对公司和同事大放厥词，那么便触犯了绝对的雷区。您应当在人力资源或法务部门的指导下审慎处理可能由此引发的法律责任和纠纷。

第一次管人
THE FIRST-TIME MANAGER

第四部分　岗位说明、绩效考核与薪酬管理

成功的管理离不开对各类行政事务的有效处理。

第二十八章

撰写岗位说明

岗位说明、绩效考核和薪酬管理都是非常重要的管理工具，每个公司都会以正式或非正式的方式履行这些职能。不过，如果经理人不甚了解此类管理工具的目的和用法，那么便可能导致严重的管理不善。

您需要充分掌握上述职能背后的概念和逻辑，而不必纠结于具体细节（如表格的样式等）。因为不同行业、不同公司的具体做法都不尽相同。

有些公司虽然没有制订正式规则，但同样具备上述职能——执行效果另说。这种非正式的安排一般出现在家族企业或是一两个人说了算的小公司。这些公司的老板可能自认处事公道，且广受拥护。这种可能性不能说没有，但不会太高。因为如果没有成文的规定，老板就只能主观判断业务的重要程度（岗位说明）、评价员工的工作表现（绩效考核）并决定工资的发放数量（薪酬管理）。即使老板将所有员工看作家人,并自诩为一名公正的家长,那也不过是以"家长"之名、行偏颇之实而已。

岗位说明的基础知识

大多数公司都会撰写岗位说明,具体形式不同、简繁各异。岗位说明不仅包括对工作职责的详细描述,往往还会附带上下级关系的介绍。

有些公司自行撰写岗位说明,有些则借助管理咨询机构提供的成熟模板,由训练有素的专人撰写说明并进行岗位评级。

一则典型的岗位说明通常包括总体任务、教育背景和工作经验要求、具体职责、监督管理范围等。有些岗位说明还会列明短期和长期目标,该岗位涉及的其他相关人员(包括每项工作的主管)以及一些常用的联系方式(如公共或政府机构的联系人等)。

岗位说明的"三段论"

在撰写岗位说明时,采用"三段论"的方法非常管用,具体的三段包括:

1. 知识与技能；

2. 行为；

3. 人际交往能力。

在第一段中，您应当写明履行岗位职责所需具备的知识和技能。

第二段是对具体行为层面的描述，也即履职过程中应当采取哪些具体行动和操作。例如及时跟进任务、发扬创新精神、追求卓越质量等。

第三段是人际交往能力。比如为了某些特定工作，您可能需要善于倾听、加强团队合作以及虚心接受他人批评等。

许多岗位说明只重点描述了工作的技能层面，也即第一段。然而，行为层面和人际交往能力也同样重要。事实上，大多数资深经理人都认为后两者皆为预判个人事业成功的有效指标。因此在撰写岗位说明时，要确保"三段论"中每一段内容都被覆盖到。

岗位评级

有时候，您可能需要为自己或下属撰写岗位说明。有些公司会安排由员工撰写初稿，再交由经理进行必要的审查和修改。最理想的情况是，由员工和经理共同撰写岗位说明，以便双方就工作内容达成一致，从而减少今后可能产生的分歧。

岗位说明撰写完成后，会交由一个专门委员会进行岗位评级。这一环节通常由人力资源部门牵头操办（具体方法因不同公司而异，在此不予展开）。评级分数会决定该岗位的薪酬范围，也即从新员工到资深员工所能获得的薪酬水平。假设某一岗位的薪酬基准是100%，那么下限可能设在75%或80%，而上限（也即卓越表现的回报）可能是120%至125%。

鉴于岗位评级对薪酬范围的决定影响已经深入人心，所以大家都极为重视评级分数，以至于部分员工会为了尽可能提升薪酬范围而对自己的岗位过度描述。基于这一理念而编造出的陈词滥调往往会带来不利影响。因为如果专门委员会发现某一岗位说明存在夸大其词的情况，他们便会通过实际调查了解真相，从而揭穿编造者的谎言，因此该员工便弄巧成拙了。反过来，精准和恰如其分的岗位说明有助于专门委员会正确履职。因此，您在撰写岗位说明时要避免浮夸，因为这种方式不大可能欺骗或打动专门委员会。

第二十九章

开展绩效考核

绩效考核既可以是非正式的（比如对某位员工提出口头表扬），也可以是详细的书面报告和与员工的正式面谈。

很显然，每位员工都希望知道自己的工作表现被如何评价。因此，建立正式的绩效考核体系（比如每年与员工进行一到两次有计划的绩效面谈）比非正式评价更为可取，因为后者的效果通常难以保证。

一些经理人自认为与员工之间建立了良好的日常沟通机制，员工也知道自己的工作表现处于何种水平。然而只有日常沟通往往是不够的，员工其实非常渴望更多的交流机会。这一点，只有当您与员工进行过推心置腹的面谈后，才能够深刻体会到。

另一方面，许多经理人在对待自己的管理工作时，往往会抱着"没有差评就等于好评"的想法。这显然是有问题的。此外，公司里的高层管理者也常常对自身的绩效问题避而不谈（除非遭遇某些紧急事件），因为他们觉得自己的地位已经超越了需要讨论绩效的层级，他们是公司的支配者和自由人，无须评估自己的所作所为。但事实恰恰相反，越是公司高管，往往越需要对自己的业绩表现有清醒的认识。

绩效考核是一个强大的管理工具，但往往遭到忽视或未能得到充分利用。老实说，很多经理人打心眼里排斥绩效考核，这种心态会导致他们在开展绩效考核时敷衍了事，从而给员工留下负面印象。如果善加利用绩效考核这一工具，便可以让您的管理工作更加得心应手；如果运用不当或根本弃之不用，那么不但可能错失许多改良机会，更有甚者还会让您和贵公司承担某些不必要的责任。因此，即使从维护自身利益的角度出发，您也应当按时高质量地开展绩效考核工作。这不但有利于您做好管理工作，也会帮助您在一众同事中脱颖而出。

法律规定

以美国为例，根据法律要求，50人或50人以上规模的公司（根据所在州以及公司性质，具体规定可能有所差异）必须及时和准确更新所有级别员工的绩效档案，并每年至少开展一次正式的绩效面谈。相关的绩效考核表作为法律文件，是许多有关劳资纠纷的法律案件中需要提交法庭的第一份档案。未开展绩效考核、评价不当或是带有偏见，均会引发严重的法律责任。

如果某位员工在绩效面谈过程中或查阅绩效考核表时提出了不同意见，那就说明您"工作不力"，因为绩效评价应当符合员工的预期。如果您一整年都与员工保持密切沟通，并持续反馈他们的工作表现，那么对方在绩效考核时便不会表现出任何惊讶。

对于绩效考核的频率，并没有明文规定。许多经理人一年会组织多次非正式的绩效评估会议，旨在确保绩效考核符合员工的合理预期。这种安排也被称作"业绩指导"。业绩指导是经理人和员工之间为了评估业绩是否达标而定期进行的沟通活动，通常采取非正式的形式（当然，在征得员工同意的前提下也可以对每次沟通进行记录，格式不限）。您可以通过这种指导手段，修改或重设员工的业绩目标，还可以添加或取消某些工作任务。

有些公司会强制要求经理人每季度开展一次业绩指导，以防止员工对自身业绩产生认知偏差。在这种情况下，"绩效考核"也可被理解为"绩效回顾",按照字面意思,年度的业绩评价即对一年中已沟通过的业绩内容的回顾。

经理人的职责

作为经理人,您在开展绩效评估的过程中应当遵循一些基本准则,包括以下几点内容:

1. 设定职责目标,让员工了解各项任务要求;
2. 提供培训和指导,帮助员工取得成功;
3. 持续提供业绩反馈;
4. 准备书面材料以供评价;
5. 及时开展评价工作;
6. 充分理解绩效考核的重要性,并明确传达给员工;
7. 以员工的实际表现为依据,全面、客观地做出评价,不掺杂个人好恶。

考核表

在设计正式的评价体系时,应当尽可能考虑相关工作的方方面面。经理人必须对每一个重要的评价项目做出合理判断。这就意味着，首先，经理人必须对该项工作和员工的表现了如指掌。因此，应当由员工的直接上司做出绩效评价。毕竟管理者层级越高，越难以像直接上司一样与员工频繁接触。虽然高层管理者并非不能参与评价工作，但由更熟悉日常工作的经理人做出的绩效评价会更准确。

以下是在一张典型的绩效考核表上可能包含的一些评分项目，针对每个项目可以设定3～10个等级的评分标准，从最高的"优秀"到最低的"不称职"依次排列：

- 产量或生产水平；
- 全面性；
- 准确率（或出错率）；
- 主动性/积极性；
- 态度；
- 学习能力；
- 合作/与他人有效共事的能力；
- 出勤率和守时率。

您还可以设计一些其他适用于贵公司的评分项。某些评价体系会对每个评分项的结果加权计算,并给员工一个最终评分,整个考核表将被纳入员工的人事档案中。以下是关于评分标准的样例示范:

- 80 至 100 分:优秀(出类拔萃);
- 60 至 80 分:良好(表现尚佳);
- 50 至 60 分:合格(差强人意);
- 40 至 50 分:待改进(明显不足);
- 40 分以下:不称职(难以胜任)。

根据实际需要,您可以收窄或放宽上述评分标准。在上例中,50 至 60 分被设定为"合格"标准,而在部分公司里,这一标准被表述为"表现一般"。相比之下,使用"合格"这一表述可能更合适,原因在于很多人认为"一般"一词带有某种贬义,从而比较排斥自己被定义为"表现一般"。尽管世界上的"一般人"比比皆是,但鲜有员工自认只是一个泛泛之辈。因此在实践中,"合格"和"待改进"的表述要普遍优于"表现一般"和"低于平均"。

还有一点需要注意的是,某些经理人会事先确定好一个最终评分，然后据此倒推整个评价过程。这实际上是一种舞弊行为，反映出该经理人出于某种目的，想要刻意隐瞒员工的某些缺陷。但越是迟迟不肯直面问题，就越有可能为今后的工作埋下更大的隐患。

绩效面谈

与员工之间的绩效面谈是至关重要的。您应当抽出充裕的时间，对相关工作进行地毯式的全面审视，倾听员工的每一句表达，并回答对方的所有问题。请注意，乐于倾听与积极讨论同样重要。员工大多对上司平时火急火燎的样子习以为常，以至于当有机会与上司一起聊理想聊人生的时候，反而可能会显得有些局促。

鉴于此类面谈的重要性，您应当确保对话不受干扰。在面谈开始前，请将手机关闭或调成静音状态，并建议员工也同样操作。此时，即使是老板打来电话，您也应当坦言自己正在进行绩效面谈，并确认其是否仍要继续通话。您还可以通过诸如"希望我们双方都可以充分投入对话中来"之类的话语，表明您对本次面谈以及员工本人的高度重视。

当然，如果遇到紧急情况，该中断的对话还是要中断。

不过您应当让员工知晓究竟发生了什么，以及您为何需要中断绩效面谈。试想一下，当员工正在高谈理想或坦承心迹时，您却频频接听电话或查看邮箱和短信，这让对方该如何自处呢？

在绩效面谈过程中，您应当引导谈话的基调，但不必直接定调。虽然有些信息必须传达到位，但如果您可以更多地采取相互讨论的形式（比如运用"我认为只要你再积极一些，就可以取得更多成效。你怎么看？"之类的表达），那么整个谈话氛围便会显得更加和缓、更具建设性。您可能会惊讶地发现，员工对自身表现的要求往往比您更严苛。大量研究也表明，经理人对下属的绩效评价普遍高于员工的自我评价。通过让员工共同参与绩效考核，可以让对方更加认同评价过程，减少抵触情绪。

随着谈话的深入，您与员工在对某项工作能力的评价上可能会产生分歧，这通常是难以避免的。面对这种情况，您应当充分运用各种指导技巧帮助对方认识到自己的不足。不要针锋相对地大声嚷嚷："你说得真离谱，还是让我告诉你真相吧。"相比之下，更好的表达方式是："好的，那么我也来说说我的看法吧。"

请注意，绩效考核工作包含了双重目的：其一是准确评估员工的业绩表现；其二，也更为重要的是，通过绩效考核，进一步激励员工不断改进工作。以上两点是您在准备和执行评价工作时需要首先加以考量的。

在具体评价过程中，您应当与员工一道查阅考核表上的每一个评分项，并让员工明确了解自己的优势和需要改进之处。一般来说，当您谈及员工优点时，很少会遭到质疑；但一旦指出对方缺点，便可能引发异议。对此，您必须允许员工畅所欲言，充分表达自己的想法。

有些员工在接收到负面反馈（比如被指出某些缺点）以后，心态容易变得消极。所以，您在开展绩效考核时，最好先说优点、再说缺点。

在谈及员工的某些缺点时，您最好能够提供相应的材料佐证。生产记录和质量报表往往比经理人的直观感受更有说服力。有了确凿证据的支持，您的观点便会更加掷地有声。当您的团队成员质疑时，请重视不同的观点，并认真加以讨论。也许该员工提出的一些观点足以让您重新审视之前的评价。请敞开胸怀，没准真的是您搞错了呢。在对评价结果产生争议时，既有的文字档案将会起到澄清事实的作用。

这里再介绍另一种绩效考核的互动方法。在正式讨论之前，不妨先发给员工一张绩效考核表，让他们自评自己的工作表现。当正式面谈开始后，您可以将您的评分与员工的自评分进行对比。这时候您可能会发现员工的自评分往往低于您的评分。这便是一种另辟蹊径的与员工讨论业绩评分项的方式，它可以让整个评价过程变得有商有量。通过这种方式，员工可以学习到如何正确开展绩效考核，您也会对团队成员有更加深入的了解。

在指出员工缺点时请三思而后行，不说则已，要说就得把问题说透。如果您想要告知员工某些方面尚未达标，那么同时也应提供相应的改进建议，这些都需要在面谈之前考虑妥当。请谨记您的目标，那就是激励员工，并帮助他们进一步提升业绩。

设计议程

说到策划，就不得不提到前期准备工作，这对于绩效面谈的成功与否至关重要。在准备阶段，您应当静心思考面谈时需要涵盖的话题，必要时还应准备一份谈话提纲。即使您照着绩效考核表上的内容便可以侃侃而谈，也应当备有万全之策。如果一次面谈未能覆盖所有要点，导致您不得不改日再度召唤员工前来查漏补缺，这种愚蠢的做法一定会给员工留下笑柄。

因此，请制作一份议程，将本次面谈应当涉及的所有重要话题一一列明。以下是在设计议程时可能需要关注的一些问题：

- 该员工的业绩表现或工作态度方面有哪些问题需要特别指出？
- 有哪些绩效考核未覆盖的问题值得一提？
- 有哪些涉及员工个人利益的问题需要提及？
- 可以通过询问哪些问题引发关于工作的讨论和见解？
- 您应当如何帮助员工提升业绩？哪些因素可以更好地调动该员工的工作积极性？
- 如何让员工明白，您对其本人的重视并不仅仅体现在工作表现上？
- 该员工的表现符合公司未来的发展要求吗？他可以被提拔吗？您又该如何帮助他取得进步呢？

以上就是您在与员工正式面谈之前需要做的一些自我对照检查。请多花些时间做准备工作，这将有助于您的绩效面谈取得更大成效。

如何对待优秀员工

许多经理人在与问题员工面谈之前都会做好充分准备。因为他们知道，与问题员工之间的沟通会比较困难，必须想方设法取得他们对评价结果的支持。而对称职乃至表现优秀的员工，您可能原本以为与他们之间的沟通将会是一片其乐融融，但倘若处理不当，便会引发恶果。

随着管理生涯的延续，您可能会注意到，某些平时表现不错的员工，一到绩效面谈时便会吐槽公司里的各种积弊。具体问题因人而异，以下是一些示例：

- "对我的提拔速度太慢了。"
- "我获得的薪水与所承担的工作不匹配。"
- "您一直说我干得不错，但我的工资却没怎么涨过。"
- "我的同事都是猪队友。"
- "作为经理，您对兢兢业业的下属不够重视。"

- "表现好的员工得不到应有的褒奖。"

虽然有些言论不太中听,但您也应当对这些优秀员工提出的意见表示欢迎。实事求是地说,许多员工只会投您所好,尽说些您喜欢听的,而很少会有人愿意揭露真相。对于后者,您更应当认真听取,因为对方提供的信息可能对您非常有价值,有助于填补您的某些认知空白。千万不要陷入所谓的"信使综合征"(源于古波斯某国王因无法接受信使带回的负面消息而将信使处死。——译者注)。从员工口中得知某些坏消息,可能会让您感到不快,但错不在员工。即使您对爆料者冷眼相待,也改变不了事实。闭目塞听虽能安逸一时,但对您的管理生涯来说却可能是致命的。

当然,您收到的消息也未必完全符合事实,毕竟员工也有可能会断章取义,不过这并不影响信息本身的价值。某些优秀员工可能担心您履职经验尚浅,难以有效辨伪去妄,所以才专门提醒某些重要事项,对此您当然要认真听取。况且员工必然了解您并不希望在面谈的过程中节外生枝,所以除非事关紧要,否则他们也不会冒险进言。

在极少数情况下,您可能会碰到某个刺头,只是单纯喜欢搬弄是非。不过通常这种人的工作表现都不会太好。

避免评分虚高

绩效考核过程中容易出现的一个最大问题就是某些新手经理人几乎给每位员工都打出"合格"以上的评分，尽管其中有些可能并不称职。这种做法似乎是为了避免矛盾，但其实这是一个误区。回避员工的缺点不但对员工来说没有任何好处，反而有损评价结果的公允度，并且给相关员工传递了"干得不错"的错误信息。如果您也效仿这种做法，那么就很难指望员工今后的业绩有所提升，因为您已经对其当前的表现给予了充分肯定。

此外，员工之间很可能会互通评价结果。如果让团队中的优秀成员得知某些明显偏弱的成员也得到了同样或相差无几的评分，这对他们的士气又会产生怎样的影响呢？

最后，如果不及时指出员工的问题，很可能会给您今后的工作埋下隐患。比如万一遇到裁员危机怎么办？您大概会想要淘汰业绩较差者，但如果真的以此为理由解雇对方，很可能遭到对方的法律维权，因为您一直给出的都是正面的绩效评价。这将使您在法律上处于不利地位，可能会被控歧视，甚至更糟。

非正式的中期评估

请注意，并非所有绩效考核都需要采取正式形式。本书第十五章便介绍了一种旨在帮助问题员工提升业绩的评估方法。事实上这一方法不仅仅适用于问题员工。您同样可以将一张白纸折成三折，分别写明"优势""待改进"以及"目标"，便可广泛运用于多种管理场合。

比如，您的某位得力部下可能会向您咨询如何提高晋升概率，那么上述提升计划就非常合适。该计划同样适用于在追求某个职位的过程中一时受挫的团队成员。作为一名经理人，您一定乐于与认真敬业而又精益求精的员工一道共事。拥有这种类型的员工是团队之幸，不过他们往往心气也很高。您可以善加利用业绩提升计划，激励他们永葆斗志，并通过合理设置改善目标，帮助他们在职业道路上不断取得成功。

敞开胸怀

相信您曾经不止一次地说过："我的大门永远敞开。"实际情况究竟如何，员工们很快便会有所定论。

在实践中,"我的大门永远敞开"可能表示"我的大门永远敞开,只要别给我添乱";也可能表示"我的大门永远敞开,只要别和我谈加薪升职";还可能表示"我的大门永远敞开,只要别跟我扯家长里短"。您的员工迟早会理解这些内涵。

还有一些经理人的想法是:"我可不要员工的喜爱,我要的是他们的尊敬。"不过,难道您不觉得受欢迎的经理人更容易得到员工的尊敬吗?

您应当在绩效面谈的过程中鼓励员工畅所欲言。您与员工之间的沟通越敞开,就越有利于建立融洽的合作关系。

主观因素

尽管经理人应当尽可能客观公正地对待员工,但我们毕竟只是凡人,是人就会带有偏见。也许您本人也会偏爱某些员工胜过他人。这再正常不过。不过当您开展绩效考核时,还是应当摒弃自己的个人好恶,同时注意不要矫枉过正,也不要对自己青睐的员工特殊对待。多多采信真凭实据,有助于您保持客观态度。

有些经理人会落入"光环效应"的圈套。假设您在评估某位员工的业绩时需要考虑四五个不同的指标,其中之一是"将部门的出错率降低 5%",而这一指标对您来说至关重要。在这种情况下,一旦该员工达成了这一目标,您便会在心目中为其戴上一顶天使的光环,这一光环是如此闪耀,足以掩盖对方的任何纰漏,也足以让您蒙蔽双眼。当"光环效应"发生时,您很容易高估该员工在其他方面的表现。"光环效应"在生活中随处可见。比如在学校里,如果班级老师最喜欢的课程是科学,那么科学课成绩优秀的孩子便会被"戴上光环",以至于他在数学和历史科目上的表现也会被该老师高看一眼。

与"光环效应"相对的是"犄角效应"。回到上例,如果该员工未能成功降低出错率,那么他便会"头上长角",俨然一副恶魔的模样。从此以后,不管他在其他方面表现得再怎么出色,也会被经理人视而不见。

接下来介绍的是"近因效应"。作为经理人——同时也是普通的人类——我们对越是近期发生的事情印象越深。因此,如果员工对绩效考核足够重视的话,便会在评价工作开展前的一到两个月内拼命表现。这就如同孩子们为了收到更多礼物,而在假期临近时加紧用功一样。为了避免"近因效应"的影响,您应当在整个评价周期内都做好详细记录并实时跟踪。

管理领域中还有一种主观因素叫作"从严效应"。许多经理人认为,员工永远有改进空间,没有谁是完美无缺的。大多数人都会同意这种观点,但许多经理人却以此为由,拒绝给予任何员工最高等级的评分(例如"非常满意")。这种做法不但毫无道理,而且会严重挫伤员工士气。如果团队成员业已达成目标,并且表现出卓越水准,那么为何不给他们打最高分呢?在这种经理人手下效力,只怕连乔布斯、比尔·盖茨都很难拿到最高评价。您可能经历过或听说过这样的故事:一个孩子在某次考试中拿了全班第一(假设得了99分),然而家长非但没有表扬,反而责问道:"怎么回事?为什么没得满分?"此类家长显然有些吹毛求疵。他们的本意可能是通过高标准高要求激励孩子更上一层楼,但他们是否想过,这种严厉苛责会对孩子的积极性造成怎样的打击?

此外,还有一个主观因素值得一提,那就是很多新手经理人或是对员工不太熟悉的经理人经常犯的"居中趋向"。假设您设定的评分系统包含了 1 至 5 五个分数档,1 分最差、5 分最佳。如果某位经理因未能做好目标设定、季度评估、书面记录等事先功课，导致无法准确评估某位员工的表现，那么他很可能会给予员工中等评分。这种"居中趋向"显然是不公平的，因为该员工可能属于其他分数档。同时，这种做法也会严重损害您作为经理人的信誉度，并且让员工感到您对团队成员缺乏足够重视，连必要的调研和合理的绩效评价都做不来。

基于行为表现的评语

当您在考核表上撰写评语时，请援引具体的行为事实作为您给出某个评价的例证。例如，不要笼统地表示"杰森对工作不负责任"，而应当写明"杰森于1月8日和2月4日分别提交了报告，每次均晚于承诺的最后期限"。

此外，在撰写评语时请万分注意您的措辞。请记住，这份材料具有法律效力，千万不要给自己惹上官司。许多经理人都曾在考核表上写过各种低级趣味和涉嫌侵权的评语，以下是一些反面案例，请永远不要效仿：

- "简直无可救药"；
- "脑子里缺根筋"；

- "拖了整个团队的后腿";
- "单项能力都达标,综合素质一团糟";
- "表现'好'到令人不忍直视"。

后续工作

在每次绩效面谈结束后,您不妨对整个面谈过程进行一次复盘,以便今后加以改良。以下清单可能对您总结经验有所帮助。请自我检查一下您是否做到了以下几点:

- 明确告知面谈目的;
- 了解员工对自身表现的看法和感受;
- 将面谈中的大多数时间交由员工表达;
- 指出员工的闪光点;
- 提供业绩改善建议,并征求员工的意见(如有必要);
- 营造让员工倍感轻松的舒适氛围;
- 商定业绩提升计划(如有必要);
- 明确业绩提升时间表(如有必要)。

在线绩效考核

目前，在线绩效考核系统已经非常成熟和方便，值得一试。在线考核具有许多充满吸引力的新特性，比如允许授权人员从任何地方查看考核结果，辅助撰写评语以规避潜在的法律问题，提供目标管理功能以对面谈期间商定的业绩目标进行跟踪和问责等。

补充思考

绩效考核是一项繁重的工作。您需要不断积累书面材料，与员工保持沟通，遵守法律法规，正确填写考核表，有效组织面谈以及监控整个流程。整个评估过程也相当耗时，临时抱佛脚的做法是行不通的。当然，如果考核工作开展顺利，便可以帮助员工进一步明确目标，增进互信并走向成功。如果您对绩效考核足够重视，秉公办事且运作得当，那么它便会成为一柄管理利器，持续激励您的每一位团队成员勇往直前。

第三十章

做好薪酬管理

很显然,岗位说明、绩效考核和薪酬管理这三者构成了一个有机整体。它们的目的分别是详细描述岗位职责、公允评估业绩表现以及合理支付薪金报酬。以上所有因素之间相辅相成,共同服务于公司的整体目标。

如果贵公司建立了岗位评级体系,那么很可能会为每个职位设定薪酬范围,而这些范围便是经理人的运作空间。

为每个岗位设置工资的上下限是很有必要的。一方面,谁都不愿意看到员工在某一岗位上数年如一日地付出,却一直拿着与其创造的价值不成比例的薪水;另一方面,您也必须让相关岗位上的老员工(尤其是接近薪酬天花板的员工)意识到,他们的加薪空间是有限的。对于大多数表现良好的员工来说,这算不上什么大问题,因为他们迟早会被提拔到薪酬水平更高的岗位上。然而,在日常管理中您也会遇到一些岗位"钉子户",或许他们根本不想被提升,又或许他们能力有限，无法胜任更高层级的职务。

您应当让这些"钉子户"们明确了解，他们的工作岗位对于公司的贡献度是有上限的，一旦他们的工资达到上限，那么想要继续加薪的唯一办法就是等待调整薪酬范围。这也不是不可能，比如生活成本的上升可能会倒逼薪酬水平的相应提高。在这种情况下，您便可以给予员工一定幅度的加薪。

不管怎样，长期工作在同一岗位，且工资水平已达上限的员工也需要获得持续的激励。他们既然能够长期胜任工作，那就值得继续留用。对此，许多公司专门设计了与供职年限挂钩的年金制度，或是由经理人酌情发放一定的绩效奖金等。

除了上述特殊情况外，经理人通常可以根据员工的绩效考核结果建议相应的加薪幅度，这便是一种典型的薪酬管理机制。不过鉴于这种安排可能造成薪酬管理和绩效考核之间相互干扰，一些公司会将薪酬与绩效分割开，这样，与薪酬相关的考量便不至于影响员工的绩效评价。然而，如果在同一时间开展这两项工作，很容易诱使经理人根据预期薪酬水平反推绩效评价。只有让这两项工作相隔数周乃至数月的时间，才能更有效地避免相互影响。

假设贵公司已经为每个岗位设定了薪酬范围和加薪幅度，

那么您可能会发现，不同岗位的薪酬范围之间可能会出现重叠现象。比如低阶岗位上的资深员工可能会比高阶岗位上的新员工获得的薪酬更高；而表现卓越的下级也可能会比碌碌无为的上级获得的薪酬更高。

保持公平

经理人就是要保持公平。您应当经常审视所有下属的薪酬水平，列出部门上上下下所有的岗位及其对应的具体月薪。根据您对这些岗位的了解，您觉得相应的薪酬水平是否合理？有没有发现什么不合理之处呢？

另一种检视方法是，按照自己的观察理解，对部门的各个岗位进行重要性排序，比较一下您的排序与公司高层的定级有何出入。如果存在某些原则性的问题或是您无法接受的差异，那么不妨与您的上司进行一次当面沟通，共同讨论应对之策。

在开展评级、考核和薪酬管理工作时，需要再次提醒您注意的一点是，正如第二十九章中提到的，您应当充分认识并积极面对自己对某些员工的特别偏爱。如果您认为自己对待下属一向都一视同仁，那么很可能是在自欺欺人。通常来说，总会有某些类型的员工比其他人更讨您的欢心。但您应当谨记，绝不能让这种偏爱影响您在绩效考核、薪酬和晋升方面所做的决定。

如果您需要为多位员工提出加薪建议，在实际操作中可能会遇到一些棘手的问题。如果贵公司每年统一调薪一次，那么您可以很方便地对不同员工的加薪幅度进行比较和权衡，并在同一时间批量决策。不过如果贵公司的调薪日并不固定（比如从员工入职日算起，每满一整年调薪一次），那么这种碎片化的决策难度就比较大了。

虽然在后一种情况下想要保持公平非常困难，但如果员工的相关材料有案可查，事情会变得简单一些。因此您应当在平时注意保留所有关于岗位说明、绩效考核以及薪酬管理等记录的副本。有些公司不赞成部门经理留存这些记录，应交由人力资源部门统一管理。即便如此，如果您能够保留一套备份以便日后查阅，那也是极好的。但您一定要做好保密工作，设置物理锁或密码保护，防止他人接触此类信息，即使是与您走得很近的秘书或助理都无权查阅。要知道，这些档案一旦泄露，便会一传十、十传百。

加薪建议

在提出加薪建议时，请尽可能确保金额的合理性，不可过高或过低，同时还需要与员工的贡献度相匹配。如果加薪幅度过大，有可能会抬高员工的预期。一旦下一次加薪数额不及本次，员工便会认为这是对他们工作的轻视或否定。不过，因提拔而导致薪酬大幅增长的情况是一个例外，因为它是与一个特定的、非常态化的事件挂钩的。对于这种情况，您仍然需要向员工解释薪酬大幅增长的原因，并提醒对方这一安排并非常态。

既然小幅加薪有可能被视为一种轻慢，那么还不如干脆不予加薪。有时候，小幅加薪是经理人逃避问题的权宜之计，因为他根本没有勇气做出不加薪的决定。但躲得过初一躲不过十五，经理人最终都会为自己的一拖再拖买单。如果员工的表现并不够格加薪，就应当及时而坦诚地直面问题。

在考虑加薪数额时，切勿让员工的需求影响您的决策。虽然这种想法有些不近人情，但请设想一下，如果您采取"按需分配"的政策，给予最需要钱的员工最高的薪酬，如果该员工的工作表现很杰出还行，可如果此人表现只是一般而已呢？

在薪酬问题上无视个人需求，并不意味着您对团队成员的实际困难无动于衷。事实上，您可以根据实际情况，为员工提供许多有益的非物质援助。如果员工在赡养父母或照顾孩子方面确有困难，那么您可以允许他远程办公或在线参加会议，这可能是一种莫大的帮助；弹性工作制也是一种可以考虑的非物质援助，既可以让团队成员受益，又不会影响薪酬结构的公平合理。

在薪酬管理工作中必须一以贯之的主旨思想就是所谓的"论功行赏"。如果根据谁在公司的时间最长，谁养的孩子最多，谁的父母身体不好等因素来左右您的薪酬安排，那么您就不是在管理薪酬，而是在运营慈善事业。如果您的某位下属遇到了财务问题，您可以认真聆听他的倾诉，向他伸出友情的援手，或者为他提供获取专业协助的渠道，但绝不能在自己负责的薪酬管理工作上假公济私。

在考虑薪酬调整问题时，您可能会因某位员工身处困境而产生一种想要给他额外加薪的冲动。您必须克制这种冲动，并严格根据员工的业绩表现来做出最终决定。

技能管理

作为经理人,您需要对各种未知的挑战和工作要求进行合理预判,并对团队成员未来所需具备的工作技能做好未雨绸缪的安排。首先请设想一下,您的团队所肩负的职责,未来将会发生怎样的变化?如果您尚不明确,不妨与您的上司或其他部门经理深入探讨一番,向他们请教:"您认为未来会发生哪些变化,将导致团队角色重塑?"

比如说,您的团队可能需要进一步加强在线办公的能力;再比如,公司一旦遭遇收购,您的团队可能面临业务调整;此外,您的团队今后可能还要适应多语种的工作环境或客户群体等。

另一个值得注意的问题是,团队成员的职业发展和演进。随着时间的推移,一些团队成员可能面临晋升或退休,对此您必须早做筹划,以防上述两种情况给您的团队战斗力造成突如其来的削弱。

如何做到未雨绸缪呢?简言之就是基于您对未来形势变化或人事变动的预判,重新审视每位团队成员的综合能力。您可能觉得这一工作非常具有挑战性,事实上,只要借助"技能管理矩阵"这一工具(见表30-1),便可以有效地化繁

表 30-1 技能管理矩阵

团队成员	当前技能	未来所需技能	欠缺技能	技能提升手段	是否需要外包
姓名_____	1._____ 2._____ 3._____ 4._____	1._____ 2._____ 3._____ 4._____	1._____ 2._____ 3._____ 4._____	1._____ 2._____ 3._____ 4._____	☐ ☐ ☐ ☐
姓名_____	1._____ 2._____ 3._____ 4._____	1._____ 2._____ 3._____ 4._____	1._____ 2._____ 3._____ 4._____	1._____ 2._____ 3._____ 4._____	☐ ☐ ☐ ☐
姓名_____	1._____ 2._____ 3._____ 4._____	1._____ 2._____ 3._____ 4._____	1._____ 2._____ 3._____ 4._____	1._____ 2._____ 3._____ 4._____	☐ ☐ ☐ ☐

为简。

以下是具体操作过程：

1. 首先是确定计划的时间范围，也即在矩阵顶部标明一个"预计日期"。短至六个月，长至两年均可。不过如果超过两年的话就会比较困难，因为变数实在太多了。
2. 在第一栏中列出您的每位团队成员。
3. 在第二栏也即"当前技能"栏列明该成员当前的主要工作技能。
4. 接下来的这一步最考验您的远见和智慧：请根据您对公司未来的发展变化和人事变动的预判，考虑员工今后可能需要具备的技能，并填写在"未来所需技能"一栏中。其中有些技能可能会与员工当前具备的技能重叠，这就意味着对于某些员工来说，无须做出额外改变。这很幸运，能够发现这一点也非常有价值。而对于其他需要提升技能的员工，请详细列明具体内容。
5. 现在请检视一下每位团队成员的技能清单中尚未解锁

的项目，并一一填入"欠缺技能"一栏。
6. 接下来，您需要考虑如何帮助团队成员填补技能空缺。比如内部培训、外部培训、在线课程、带教跟学、在职培训、轮岗培训等一切您认为合适的方法。然后将这些方法填入"技能提升手段"一栏。
7. 该评估工作的最后一步是判断由员工本人获取所需技能是否可行。如果答案是否定的，那么您应当在最后一栏也即"是否需要外包"一栏打上对钩。这里所谓的"外包"，既包括其他团队成员，也包括团队以外的同事，或是其他外部资源等。

来看一个具体例子。假设贵公司即将在一个新的海外市场开辟业务，从而要求您的团队掌握一门新的外语以便日后的业务沟通。于是这一要求便应当被分别填入"未来所需技能"和"欠缺技能"两栏中。

接下来您需要做的就是了解您的团队中是否有人已经掌握了这门外语。如果没有人学过，那么您应当考虑如何获取该项技能。比如组织在线语言培训课程，或是晚间语言学习班等。部分课程可能还需派遣员工前往相应的语言环境中进行实践等。

　　作为备选，您亦可通过其他方式满足对外语技能的需求。举例来说，如果您发现这门外语的实际用途仅仅是偶尔翻译一些表格文字，那么您完全可以通过购买服务的方式交由外包团队处理，或者拜托公司其他部门里拥有该语言技能的同事出手相助。当然，这一切的前提是，您只在极少情况下需要用到翻译，且这种外包的实时翻译服务是唾手可得的。

　　作为一名经理人，您需要在技能管理方面做到未雨绸缪，避免日后猝不及防，这是您的一项重要职责。此外，"技能管理矩阵"对您与上司的合作共事也大有帮助。试想一下，如果您在向上司申请用人名额时，将您精心填制的"技能管理矩阵"一并呈上，那么您的沟通效果将会提升多少个档次啊！

第一次管人
THE FIRST-TIME MANAGER

第五部分　经理人的自我修养

在帮助别人进步的同时，也要不断自我提升。

第三十一章

培养情商

"情商"（EQ）是一个您必须熟知的管理学概念。社会学家和心理学家发现：首先，拥有高情商的经理人和管理者在管理和领导岗位上的表现往往比低情商者更胜一筹；其次，高情商者无论在事业发展、人际关系、健康和压力管理、激励与自我激励、自信和互信方面都表现得更加优秀；最后，传统意义上的"智商"高低似乎与管理工作的成功与否没有必然联系。

"情商"溯源

1995年，被誉为"情商之父"的丹尼尔·戈尔曼博士出版了《情商》（*Emotional Intelligence: Why It Can Matter More Than IQ*）一书，"情商"这一概念自此风靡全球。该书出版以来，不仅研究和讨论"情商"的文章和书籍热度不断，连各种知名的管理培训项目都会标配一到两个关于情商培养的专题模块。

智商

"智商"(IQ)这一概念所代表的能力与"情商"大为不同。高智商的表现包括：数学能力优秀、词汇和语言积累广泛、抽象推理能力和空间感强、理解力出众等。而这些能力很多都可以归为天赋，也即智商的高低多半是基因遗传的结果。虽然一个人的智商可能会随着年龄的增长而变化，但平均来看，这一变化幅度不会超过15分。相反，"情商"是一种后天习得技能，因此可能会在经年累月之后产生惊人的蜕变。

情商

拥有情商意味着您在情感方面充满智慧。如果您对下列问题都能够给出肯定回答，那么您很可能就是一位高情商人士：

- 您能否感受到某一环境中的人际氛围？
- 您能否判断出他人的情绪状态？

- 当您变得情绪化时,您能否做到自觉和自制?
- 在面对压力和不安时,您能否调动起他人的积极情绪?
- 您能否向他人表达您的感受和情绪?

上述情商能力看起来与前文提及的某些支持行为十分类似。事实上,情商就是人际交往能力和自我认知能力的集合体。

情商测试

现在让我们做一个简单的测试。以下是评估个人情商水平的 10 个问题,请针对每一个问题,在 1 到 10 的范围内给自己打分(10 分最高)。您必须实事求是,才可以获得准确的评估结果。

1. 当面临压力时,我能够设法让自己放松下来;
2. 当别人对我出言不逊时,我能够泰然以对;
3. 我能够轻易感知自己的情绪变化;
4. 在遭遇重大挫折后,我能够很快"重整旗鼓";

5. 我掌握很多有效的人际交往技巧，如倾听、反馈、激励他人等；
6. 我很容易与他人产生共情；
7. 我能够察觉到他人的痛苦或失落；
8. 即使面对再无趣的工作，我都能够充满激情；
9. 我似乎能够读懂人心；
10. 我喜欢给自己灌输正能量而非"毒鸡汤"。

如果您的总分高于 85 分，说明您已经具备了绝佳的情商；75 分以上则标志着您的情商能力正在渐入佳境。

情商与管理工作

情商与成功管理者之间的关系是显而易见的。"管人"与"管事"大不相同，前者需要充分运用各种情商技能，包括辨识自己和他人的感受，恰当表达自己的情绪，自我激励与激励他人，帮助自己和他人化解压力、紧张与不安情绪等。这些都是当今的卓越经理人所具备的典型特质。

第三十二章

打造积极的"人设"

作为经理人,您应当在实事求是的基础上,充分肯定自己的能力,这绝非自吹自擂。

人们在考虑自我形象问题时可能会陷入迷思。总有些人认为自我表扬是一种太过自恋的做法,但俗话说"爱邻如己",这就意味着"爱他人"的前提是"爱自己"。这一原则同样适用于管理工作。

针对"自我形象"这一话题,涌现出了一大批优秀著作,其中很多理念对经理人做好管理工作而言都极为重要。以下仅就一些相关知识做简要介绍。

事实上,个人的成功与否,很大程度上取决于自我形象的塑造。如果我们对自己的评价很低,充满失败主义情绪,那么我们的潜意识便会推动这一预期的自我实现;反之,如果我们对自己的能力充满信心,拥有必胜的信念,那么成功的概率也会大大提升。当然,这种说法并不十分严谨,但重点在于它所传递的理念，也即"态度决定一切"。如果您满脑子想的都是成功，浑身散发着成功的气场，在内心深处笃信成功，那么您就很有可能取得成功；反之，如果您将自己的思想打上"失败"的钢印，那么您就很难逃脱失败的命运了。

与上述理念密切相关的一个概念叫作"预期的自我实现"，其基本含义是，人们会根据先入为主的判断和预期来采取行动，最终促成该预期的实现。

只要在前进之路上体验过成功的滋味，便能够进一步强化成功的信念。因此，您在管理岗位上取得的每一次成功，都会为今后的更大成就奠定坚实的基础。

当然，您不能仅仅摆出一副"成功范儿"而不去获取真实的成功。如果总是徒有其表、未见其实，很容易被人戳穿，这将对您十分不利。

摒弃傲慢形象

对于新晋的年轻经理人来说，一个非常严重的问题是，他们很容易给人留下傲慢的印象。请注意，不要将自己的"成功范儿"错误演绎为一种"自我膨胀感"。被提拔为经理人、跻身管理者行列固然是一件值得自豪的事情，但切勿表现得狂妄自大，正确的做法是给人一种沉着自信的良好形象。

您是否觉得公司里可能会有一些人对您的晋升颇有微词，并等着看您的笑话？这种可能性很大，而且几乎是一定的。如果您摆出一副妄自尊大的态度，便是以行动坐实了那些对您不利的流言蜚语。

改善自我形象的策略

每个人都可以通过努力改善自我形象。这里介绍三种实测有效的方法。第一种方法被称为"具象化"，即想象自己完成某个重要目标时的具体画面。这一方法常常被许多竞技运动员用于日常训练。比如滑雪运动员在正式比赛前是不能在赛道上模拟滑行的，他们首次接触赛道时就是比赛开始的时候。所以您可能会发现奥林匹克滑雪运动员会在赛前花费好几个小时研究赛道，想象自己应当如何完成每一次转弯。包括体操、皮划艇、单板滑雪、跳伞等在内的许多竞技项目的运动员都会开展具象化训练。

具象化这一工具同样适用于管理工作等非体育项目。您可以想象一个具体的情境，例如搞定一个大型合同项目、举办一场广受好评的研讨会、赢得所爱之人饱含深情的微笑与拥抱等；您还可以想象与贵公司的首席执行官切磋观点、对员工进行纪律惩戒，或是向董事会汇报工作等。

经过一段时间的具象化练习，您在脑海中模拟出的视觉图像，将会对个人的模式和自我认知产生直接影响，因为您在具象化练习中生成的"影像"会被大脑记录下来以供日后调用。由此可见，"具象化"并非白日做梦，而是为了达到预期目标而对大脑进行的一番"程序设计"。

第二种方法叫作"双赢法"，即与员工进行积极互动，并全力支持他们取得成功。如此一来，团队的工作业绩以及您作为经理人的管理成效都将得到提升。以成就他人为己任，不但可以有效提升自我形象，还能够让您从管理工作中获得更多满足感。

第三种方法则是"积极的自我对话"。据估算，我们每天要和自己交流一千多条信息。如果想要塑造一个良好的自我形象，就必须向自己传递各种积极的信息。这种积极的自我对话频度越高，大脑就越能构建出健康向上的自我意识。以下列举了一些积极的自我对话：

- "我的管理水平正与日俱增"；

- "这种事情完全不在话下";
- "这次是我错了,下次一定做得更好"。

形象地说,积极的自我对话就好比在大脑中植入了一个正能量播放器。

不惧犯错

在履行经理人职责的过程中,您可能偶尔也会犯错,比如决断失误等,这其实是人之常情。如何看待和应对错误,不仅事关您的个人发展,同时也会影响您在他人心目中的形象。您的个人信誉时刻都在经受考验,所以请坦诚地对待自己和身边的每个人,遇到错误不要遮遮掩掩、不要文过饰非、更不要试图甩锅给他人(这种情况更加恶劣)。"我错了""非常抱歉"是许多经理人都难以启齿的两句话。事实上,这些表达并非示弱,反而是一种自信的体现。毕竟人谁无过呢?

许多新手经理人都不愿为下属所犯的错误承担责任。他们是如此畏惧错误,以至于宁愿亲手处理一些较为复杂的事务,以免出错挨批。不过这种做法会导致两大恶果:一是他们用实际表现证明了自己难堪大用；二是承担额外的事务性工作会让他们陷入疲于奔命的状态。为了消除不安全感而付出这么大的代价，真的值得吗？

解决这一难题的方法是对您的整个管理角色进行重塑。在人才管理上，您应当挑选更合适的员工和培训者；在项目管理上，您应当加强内控，将出错的可能性及其影响降到最低。当错误发生时，您应当勇于担当，及时纠正，并从中积累经验教训。最重要的一点是，不要对一时的错误耿耿于怀，放下包袱，继续前进吧。

自我迷恋与言行不一

经理人应当展现出最佳的自我形象，但切勿像电影演员一样入戏太深，陷入自我编织的"人设"中无法自拔。首先要勇于直面自己的缺点。事实上，人无完人，每个经理人都有各自的缺点，但很多人却不愿承认。而且随着职位的升迁，您身边溜须拍马的人会越来越多。虽然那一顶顶高帽子，既不能启迪智慧，也不能增长知识，但绝大多数经理人却看不到这些。毕竟安坐于办公桌前，看着所有人对您点头哈腰，那叫一个惬意。用不了多久，您就会坚信这种恭维是受之无愧的。您以为是自己的魅力折服了大家，但实际上他们逢迎的只是您的职位而已。

笔者曾供职于硅谷的一家大型科技企业总部。在那里，我听闻一则关于下属谄媚新上司的反面教材。内容大致是说某位新上任的首席执行官，有一次和几位下属一道去开会，在步行经过走廊时，他随口说道，如果走廊是浅绿色的话会更好看。结果没过几天，当他再次经过这条走廊时，眼前的一幕让他感到既惊讶又尴尬。这条走廊竟然已经被粉刷成了浅绿色。事实上，他当时只是嘴上说说，心里完全没有当回事。这次的经历给这位高管上了重要一课，一定要谨言慎行，没准一句有口无心的话，便会被处心积虑想要巴结上级的人拿来大做文章，徒增是非。

说到首席执行官，他们往往很容易患上"吾即真理综合征"。实际上，这种心态无论在低阶还是高阶的经理人身上都有不同程度的体现。人贵在有自知之明，然而某些首席执行官却陷入了"我永远都对"的迷思中。这或许可以部分解释为何《财富》五百强企业的首席执行官的平均任期只有区区四年半吧。

如果有朝一日您荣升首席执行官，并不意味着您的智慧也随之跃迁。尽管下属会对您俯首帖耳，仿佛您说的每一句话都字字珠玑；但实际上，您本人并没有变得更睿智，只是获得了更多权力而已，千万不要将二者混为一谈。

从这个角度看，我们不能光听高管们是怎么说的，而应当看看他们是怎么做的。如果某位高管声称："我希望我选拔的人都比我聪明。"那您不妨观察一下他在招聘员工时，是否真的那么不拘一格。如果某位高管表示："我鼓励员工有不同的意见，我不喜欢身边全是一堆应声虫。"那您不妨回忆一下最近一次有人提出异议时，他有没有被气得差点动粗。如果某位高管强调："我的大门始终向大家敞开。"那您不妨尝试一下走进他的办公室讨教问题，看他会不会表现出肉眼可见的嫌弃。有些话听上去就很空洞，而说出这些话的经理人，往往也都言行不一、自相矛盾。

在您的整个职业生涯中，您会遇到各色各样的高管，他们中的很多人所信奉的管理理念都非常高级，然而这些人最大的问题在于：说一套，做一套。

缺点与偏见

极力宣扬自己的缺点是极不明智的做法，您只需要正视问题并加以改进即可。比如您可能会发现，自己不太擅长的一些事务恰恰也是自己不太喜欢的，这绝非巧合。其实，只要您足够自律，便不难扫清这些障碍。要知道，在绩效考核时，您可不能用"不喜欢这项工作"来为自己的表现开脱。所以，即使是您最不待见的业务，也要确保工作质量。事实上，每项工作都会有些让人不爽的地方，只要把这些碍眼的事情打理完毕，接下来的活儿就都是您的"舒适区"了。

您应当正视自己在心态或态度方面可能存在的问题。只有承认问题，才能解决问题。举例来说，有这么一位经理人，他一直对每天下午5点准时下班的同事抱有偏见。在他看来，工作是第一位的，社会和家庭义务必须让位，而且这么早就下班，怎么可能把工作做完或做好呢？这位经理人所持有的态度，很可能就源于他本人无法在5点之前完成工作的事实。

于是，他就形成了一种偏见，一种心态，一种难以验证的、情绪化的感觉。不过当这位经理人在与注重个人生活的同事打交道时，就必须意识到自己的心态问题，并尽力克服，但也不要矫枉过正。想要做到这一点并不容易，但还是那句话，只有先正视自己心中的偏见和执念，才能进一步解决问题。

能够辨别和正视自己的固化思想或刻板印象，是一个人心理成熟的重要标志。对此您无须避讳，只需要在您看待他人以及与他人交往时，充分意识到偏见可能带来的影响。有的经理人总是喜欢将自己的理念强加于人，如果是同好之间相互吹捧倒也无妨，但在职场上这种做法真的很让人反感。您一定不想成为这样的人吧。

对于这样的经理人，大多数员工都会敬而远之，以免话不投机，至于那些心直口快的下属，就等着好好吃他的苦头吧。

客观性

有这么一类经理人，他们总是宣称自己能够客观地看待问题，但无论其态度还是行为方式都带有浓厚的主观色彩。如果某位经理人总是拿"客观性"一词做开场白，那么您一定要仔细品品他的目的何在。总之，当您听到类似的说辞时，请特别警惕相反的情况——此人可能恰恰缺乏客观性。

没有谁能够做到绝对客观。不同的经历塑造了不同的人。我们可能会对某些员工产生莫名的偏爱，这也许就是所谓的"眼缘"吧。一旦您意识到这一点，您就可以出于某种补偿心态，对其他的员工更公平一些。

作为经理人，没有必要纠结什么是主观、什么是客观。首先您要认识到，保持绝对客观是非常困难的。只要与人相处时坦诚以待，又何必为主观性和客观性困扰呢？

如果上司询问您："你处事客观吗？"您应当回答："我尽力做到。"没有人能够保证自己完全客观，但只要您能够朝着这一方向不断努力，那就值得赞赏。

沉着自信

请着力培养自己沉着自信的决策能力。决策也是一项熟能生巧的工作，大多数管理决策不需要超凡的智慧，相比之下，探究事实和获取信息的能力更为重要。

作为决策者，切勿一时意气用事，事后再花式找补，这样做无异于打肿脸充胖子。事实上，任何一个错误的决定都不值得被维护，哪怕决策者就是您本人。一旦您试图粉饰错误，便会让自己陷入不利境地。

很多急功近利的新手经理人一味追求所谓的"当机立断"，结果往往会被人视为"行事草率"，这可不是什么正面形象。还有一些人则走向另一个极端——遇事优柔寡断。

解决这一问题的关键是掌握平衡和适度。既不能不假思索、昏招迭出，又不能首鼠两端、迟疑不决。一般来说，您不可能做到信息完全对称，所以只需要收集到必要的情报即可展开评估并做出决策。总之，既不能轻率冒进，又不能过于求稳，否则只能眼睁睁地看着机会与您擦肩而过。

决策方法

作为经理人，您应当对各种决策方法游刃有余。以下介绍四种决策方法，分别是独立决策、协同决策、委任决策以及提级决策。

- 独立决策：由您本人独自完成决策。这种方法的适用场景包括：您对相关业务足够精通、时间较为紧迫或是其他团队成员不便参与等。举例来说，对于某些人事安排问题，您可能需要独立决策并避免团队成员介入。不过这并不妨碍您在酝酿过程中寻求外部指导，比如向其他部门的同事、您的上级或者公司外部人士征求意见等；
- 协同决策：在决策过程中广泛发动员工参与、充分征求员工意见，通过这种方式，让相关政策的潜在受众共同参与、群策群力。这样做有利于提升决策质量和员工认同感，还可以起到一定的培训效果。通过亲身参与决策，团队成员可以更好地理解相关流程，并获得相应的技能提升；

- 委任决策：授权您的团队代为决策。这种方法的适用场景包括：团队成员能够做出更专业的判断，或是您对各种结果均持开明态度等。与协同决策类似，委任决策也可以起到培训效果。此外，这种做法还可以向团队成员传递出一个明确的信号，那就是您充分相信他们的决策能力；

- 提级决策：提交上级做出决策。需要提级决策的原因可能是您不具备相关权限，或是该决策的影响可能波及团队以外的其他层面。除非迫不得已，最好不要轻易启动提级决策，因为这种做法会让别人认为您没有担当，或是缺乏决策能力。然而在某些特殊情况下，该避嫌的还是要避嫌为妙。

作为经理人，应当灵活运用多种决策方法，不要过度依赖一两种。一旦您能够做到具体问题具体分析，对决策方法信手拈来，您的自信心和自我形象都会随之大幅提升。

真实型领导

很多人都会建议经理人要以身作则，这一建议相当中肯。除此之外，还有一种更高级的境界，那就是"真实型领导"。真实型领导是指用真情实意的"本色出演"赢得团队的尊重。它包含两个不可分割的要素——一是躬亲示范，二是言行一致。

您的一举一动都是整个团队关注的焦点。团队成员尊重您、听命于您，只因为您是他们的"老大"。但如果您在管理工作中展现出真性情，那么员工也会发自内心地对您表达敬佩和爱戴。这是一种真情流露，而非仅仅出于工作需要。这就是所谓的"真实领导力"。

如果您以团队"老大"自居，那么下属为了不给自己惹事，也会给您必要的反馈和尊重。不过如果您在管理中展现出"真实领导力"，情况就会发生剧变，团队成员将会由"例行公事"转变为"全情投入"，这种力量是无比强大的。

如果您严于律己、率先垂范，那么团队成员也会见贤思齐；如果您运筹周密、谨守德操，那么团队成员也会竞相效仿；如果您尊重他人、和而不同，那么团队成员也会互敬互爱；如果您时刻展现出大家风范，那么整个团队的水平都会随之水涨船高。

因此，请以诚待人待己。明确自己的身份和定位，以及想要树立何种榜样，然后再身体力行。假以时日，您一定能够锤炼出更优秀的管理能力，以及更闪耀的人格魅力。

办公室政治：一场游戏

正如前文提到的，绩效考核的依据是员工在职责范围内的工作表现。因此无论是上司还是下属，绩效考核对每个人的职业发展来说都至关重要，这就导致了无处不在的办公室政治。许多人都对办公室政治感到厌烦，因为他们看不起政治和政治家。但事实上，凡事只要涉及两个及以上的人数，就会存在政治因素。

我们可以重新审视一下"政治"的定义：社会中人与人之间复杂关系的总和。不得不说这是一个相当积极的内涵。从这个角度来看，您便会理解何谓"有人的地方就会有江湖"。办公室政治是一场游戏，几乎每个职场人士都是其中的玩家，有的可谓激斗正酣，有的还在观望盘算，而大多数经理人都无法置身事外。

职场上总是不缺媚上欺下、前倨后恭的人。这些人深谙游戏之道，但从长远来看，这种做法就是在给自己挖坑。无论这些人在职场上取得怎样的成功，都改变不了他们人格崩坏的事实。

如果您认为升职加薪比诚信和人品更重要，那么您可以选择跳过本章的其余部分，因为以下内容可能会不太合您胃口。

选择做一名机会主义者，也许可以取得一时的成功，但不能不考虑为之付出的代价。诚然，职场上的提拔晋升并非总是公平公正和基于能力的。不过生活本来就不是绝对公平的，所以也别指望职场上绝对公平。

不少人都认为，公司里的提拔晋升往往与公平和能力无关。事实上，尽管大多数公司都致力于公平公正，但结果并非总能令人满意。此外，管理者心目中的合理决定未必能够得到您的认同，尤其是当您认为自己才是最佳候选人时。

尽管如此，只要您仍然追求职业发展，就应当积极谋划筹备，不能把希望寄托在虚无缥缈的运气或机缘巧合上。凡事预则立，不预则废。没准墙内开花墙外香，在公司外部也能觅得晋升机会。但在那之前，您必须让自己做好充分的准备。

物色继任者

一旦您熟练掌握了手头工作，便可以开始为自己物色一位潜在的继任者了。原因很简单，如果没有其他人能够顶替您现在的岗位，那么公司高层可能会在您的晋升问题上产生额外的顾虑。因此，如果有一名副手可以随时接替您的工作，那么您在个人晋升方面便会更占优势。

寻找合适的继任者是一件比较微妙的事情。您不应该过早确定相关人选，如果这名副手的表现不及预期，未能展示出应有的接任能力，那么麻烦可就大了。临时变更继任者，有可能会引发一大堆问题。

通过何种方式培养继任者是一个十分关键的问题。如果您在自己的团队里发现了理想的人选，那么您应当帮助他更加全面和迅速地发展。

具体而言，您可以先将日常工作中的一些零碎事务交由这名副手处理。不过无论出于何种理由，您都不应彻底放权给他，然后自己做个甩手掌柜。这显然不是贵公司想要看到的。

接下来，您可以让副手承担更多的工作，直到他熟练掌握大部分业务。请确保对方反复操练每一项流程，做到烂熟于心。在此期间，您还可以偶尔带着他一起参与新员工的面试。

一番带教下来，假设副手的表现令您满意，您便可以为这位潜在的继任者宣传造势了。比如在老板跟前为其大唱赞歌，以及在绩效考核时给出"建议提拔""有望成为卓越经理人"等评语。当然，您必须实事求是，弄虚作假只会对您和继任者都大为不利。如果对方的确表现出众，那么您就应当不动声色地将他推荐给公司高层。

这里存在一个潜在的风险，您的副手可能先于您得到提拔。不过这个风险值得承担，即使频频发生这种"后来者居上"的情况，您也会获得一个"伯乐"的美誉，从而对您的晋升更加有利。此外，您可能还会从培养人才的过程中体验到满满的成就感。也许正当您苦心孤诣培养接班人时，您的老板也正在认真考虑如何提拔您呢。

多点开花

如果您尚未找到理想的继任人选，不妨将手头的工作分拆几块出来，分别交付给若干位下属，观察他们承担了额外的职责后会作何表现。这种做法对您十分有利，因为您现在是"普遍撒网、多点开花"，总不见得所有候选人都比您早获提拔吧？而且一旦遇到紧要关头，这一套扎实厚重的"替补阵容"往往能够让您出奇制胜。

请不要过早地明确继任者的身份。与所有选拔过程一样，一旦最终人选水落石出，此前的竞争氛围便会立刻消退，一并消退的还有其他候选人的进取心。这种心态的突变可能会对他们的工作表现产生消极影响，至少短期来看是这样。

以下管理理念可能会对您有所启发，那就是：要持续不断地为团队成员树立奋斗目标。即使到了不得不公布最终人选的时刻，您也应当鼓励所有落选者，公司里的晋升机会多的是，您一定会全力帮助他们得偿所愿。

另一方面，只要关于继任者的竞争还在继续，您就必须一视同仁，安排他们参加轮训，确保他们全面接触您的各项业务。如果您偶尔不在办公室，不妨让他们轮流代理。另外，别忘了让他们也参与一些人事管理方面的工作。

请定期与所有候选人会面并讨论工作。不要笼统地说"让我们来谈谈工作"，而应聚焦工作中遇到的一些具体问题，从而让所有人从中受益。如果某位候选人在您离开期间独自承担起某项特殊挑战，何不将这一宝贵经历与所有人一道分享呢？

不可或缺？别这样想

这里需要再次重申的是，不要企图成为一个不可或缺的人。不少经理人都抱着这样的思想而作茧自缚。为了确保工作质量，他们主动包揽下所有的疑难问题和决策工作。下属很快领悟到，一旦遇到任何异常状况，一键转发给经理即可。这种管理方式不但大量耗费您的宝贵时间，而且还会导致更加严重的后果——您的下属再也不会自行解决难题了。

事实上，您应当鼓励员工独立自主解决问题。只有这样，他们才能取得更多的进步。当然，这种自主权不应超过您的授权范围。优秀的经理人懂得在适度放权的同时，维护好自己的绝对权威。

您可能听说过，有些经理人担心自己休假时，公司会出现各种状况。事实恰恰相反，他们真正害怕的是：公司有他没他都一样运转。如果这些经理人在人才培养和储备方面都做得很好，那么他们一定可以无比安心地踏上度假之旅，部门也一定会照常运转，一如既往。真正高效和敬业的经理人，懂得建立长效机制，即便自己永久性离岗——比如获得晋升或跳槽到其他公司，也不会影响部门的正常运作。然而总有些新手经理人，对工作职责做出了错误解读，以为自己的角色是不可或缺的，以至于终其职业生涯都在用实际行动——永远把持着自己的岗位——来论证这一谬误。

此类经理人的主要问题在于，他们未能参透管理工作的本质。管理的重点不在于实操，而在于督办。

接过前任的指挥棒

如果您的前任管理无方，给您留下一个烂摊子，倒也未必是件坏事。因为您的任何一项长处，都会在前任的反衬下显得熠熠生辉。遗憾的是，接管一支运作良好的团队反而没那么有利。如果您接替的是一位因退休或高升而离职的管理明星，那可就压力山大了。因为无论您表现得多么给力，都很难比肩您的卓越前任，甚至可能会一直活在这位传奇人物的阴影之中。

因此，如果一定要在"烂摊子"或"模范团队"里选择其一的话，不妨勇敢地挑战前者，这可能是一个让您一战成名的好机会，一旦成功的话足够您受用一辈子，您也将在带领团队实现由乱到治的艰难过程中获得迅速成长。这绝对是一个无悔的选择。

学无止境

为了在职业发展上更进一步，您应当不断扩大行业知识面。仅仅熟悉本职工作是不够的，您必须对公司的整体运作有更加全面的了解。

您可以通过多种方式给自己充电，例如通过阅读拓宽知识面。您可以放心大胆地请上司帮忙推荐与贵公司的运营和理念相契合的读物，这种类型的咨询不会冒犯到任何人。不过需要友情提醒的是：不要频繁向上司征求意见，否则对方可能会认为您缺乏决断能力，或是另有所图，这些印象对您的职业发展都没有好处。

如果贵公司组织业务培训，请积极报名参加。即使有些培训无法带来短期收益，但长期来看还是有益的。而且参与培训，也是在展示一种求知好学的态度。不过请注意，除了与自己的工作和目标相关的内容外，一般不宜涉猎太广。如果您对所有培训都来者不拒，可能会招致某些非议。同时，您还需要统筹安排好时间，不要影响到本职工作。毕竟工作业绩才是您获得晋升的最大筹码。

着装成功学

商务潮流不停变幻，今天看起来"另类"，可能再过几年甚至几个月就会成为主流。作为一名经理人，您应当避免过于拉风和前卫的穿着。也许您认为这并不公平，但试想一下，如果您在公司高管眼中的形象是一个"衣着花哨的怪咖"，那么您的晋升机会就比较渺茫了。

至于怎样的穿着才算得体，可能会因不同的行业领域或风土人情而异。例如，时尚界的日常穿搭可能就不适用于传统的金融保险业；一个地区的流行服饰到了另一个地区可能就不那么受欢迎；工厂车间的负责人与写字楼里的部门主管也会在着装上有所差异。所以重点在于，成功的人生离不开成功的衣着——同时还要注意过犹不及。总之，您的衣着衣品应当低调有内涵，不宜太过张扬。

以下案例反映了不同公司之间的着装差异。若干年前，一位年轻人接到好莱坞一家电影公司创意部门的面试通知。他询问对方着装要求，对方回复说"便装"。于是，这位年轻人便穿着休闲裤和衬衫出了门。结果一走进这家公司，发现那里的每个人都穿着背心短裤！看来双方对于"便装"的理解存在明显的差异。好在这场误会并没有影响这位年轻人成功获得这份工作。

上述案例说明，不同公司对于着装风格有着不同理解，同时它也启示我们，作为商务人士，为了尽量避免着装错误，宁肯穿得偏正式一些，也不要过于休闲。比方说您穿着正装参加活动，结果发现现场气氛十分休闲，那么只需要脱下外套和领带便能一秒融入环境；但如果您一身度假打扮，别人却个个西装革履，那您就很难快速切换成合拍的风格了。

所以请注意，经验法则一：如果您不确定着装要求，那么最好穿得正式一些。经验法则二：如果在着装方面遇到问题，不妨看看贵公司的高管是怎么做的。

如何优雅地自我营销

纵使您文韬武略、雄才盖世，如果无人赏识，便只能落得个英雄无用武之地。因此，您应当采取各种有效方式，向公司高层推介自己。

然而，过于露骨的自我营销很容易引起别人的反感，甚至会被人扣上"吹牛大王"的帽子,这绝对不是什么正面形象。很多人虽然有才,但自我吹嘘太过,结果引发众人反感,反而弄巧成拙。

您必须学会旁敲侧击,利用有效的沟通技巧展示自我形象。

以下案例展示了一种含蓄的、不会冒犯他人和不会产生负面效果的营销方式。假设您为了提升工作能力而报名参加了当地社区大学开设的某项课程。为了让贵公司和您的老板了解您在学习上的努力,可以考虑采取以下几种方式(既要有效传递信息,又不能太过招摇):

比如,您可以向人力资源部门致信,申请在您的人事档案中添加一条培训记录。于是您的培训经历便会被更新到档案中,今后每当有人调阅您的简历,或是物色晋升人选时,都可能会注意到这条信息。当您完成课程学习时,请再次提醒人力资源部门更新您的学习成果,并提供一份学业证书的副本(如果学校有颁发的话)。哦,别忘了每次给人力资源部门写邮件时,同时抄送一份给您的老板。

如果您的老板尚未注意到您抄送的邮件,您还可以找机会与其闲聊,并在不经意间透露道:"昨晚我的会计课老师抛出了一个很有趣的观点……"于是您的老板便可能会问："是什么会计课？"

此外，您还可以把该课程的教科书放在您的办公桌上，总有一天会引起老板的注意。

把您在课堂上遇到的难题带去公司向老板请教，也是一个不错办法。

如果有同学来公司拜访您，不妨将她引荐给您的老板："老板，这位是利兹·史密斯女士，我在会计课上认识的同学。"

看出来了么？您的暗示越隐晦，表达效果就越理想。对于深谙自我营销之道的老板来说，他一定读得懂您的弦外之音。如果您的沟通方式足够高明，老板可能会更高看您一眼。

也许单论能力水平，整个公司没有谁比您更适合被提拔。然而如果您默默无闻的话，一切都无从谈起。几乎没有哪位老板会主动接近某位员工，然后问他："请说说看，你为了得到晋升都做了哪些准备？"所以您必须主动出击，让老板更好地认识您。

有些经理人坚信，只要把工作做好，升职加薪就是水到渠成的事情。这种策略并不保险，而您可能也承受不了无止境的等待。如果老板连您做了些什么都一无所知，又怎么会对您论功行赏呢？所以您必须学会以某种艺术的方式为自己表功，但一定要保持低调，以免引发不适，或是让人觉得您吃相难看。

提升认知度的捷径 —— 演讲

　　提升自己知名度的一个最佳途径就是培养您的演讲能力。当您的演讲水平渐入佳境时，便可以伺机而动，通过参加演讲活动，充分展现自己的才华与学识，从而让您从一众畏惧公开发言的同事中脱颖而出。更重要的是，台下的所有听众都会对您本人，您的职务和能力更加了解。

　　当然，您也可能和大多数人一样，对公开演讲并不感冒。这种抵触感可能是由经验不足或是某种心理阴影引起的。本书第三十九章会提供一些具体建议，帮助您突破心理障碍，提升演讲技巧。

一切值得吗？

　　从获得晋升，到成为一名优秀的经理人，再到渴望更高的职位，这几乎是每位经理人职业生涯的常态——除非您不愿再向上更进一步了。如果您已经厌倦了不计代价争名逐利的生活，那就说明您已经与自己的内心达成了和解。这是一种健康的心态，不容非议。一方面，每个人都可能会遇到自己的职业天花板，到了一定级别就停滞不前；另一方面，也有些人虽然仍有上升空间，但却知足常乐，不愿让自己落得高处不胜寒。事实上，职业发展的金字塔越接近顶端就越狭窄，董事长和首席执行官就是塔顶的皇冠，也是职位的制高点——至少在当前的公司制度下，不存在继续晋升的可能了。

本书的早期版本中曾经指出，您有权了解自己是否有被提拔的可能。书中甚至建议您对此打破砂锅问到底。不过，现在让我们重新审视一下这个问题。如果您对晋升不感兴趣，那又何必多问呢？如果上级主动提拔您，向您伸出橄榄枝，也许您会改变主意。

如果您一直渴望晋升，却迟迟未能如愿，那么同样也没有必要去质问老板，因为您得到的答案要么是"你现在还不够格"之类的当头一棒，要么是某些无法让您信服的外交辞令。更有甚者，如果把老板给逼急了，没准他会在您的人事档案上落下几笔："此人天天缠着我讨要升职，我很明确地告知他，他已经混到头了。"假设有朝一日，您的现任老板离职去了另一家公司，而他的继任者却与您很合得来，那时您一定会希望自己的档案里没有那句"他已经混到头了"的评论。所以当初为何要自找麻烦，给自己刻上这种有失公允，却挥之不去的烙印呢？

无论您多么向往晋升，都应当将主要精力放在本职工作上，而不要总是眼高手低。虽然向公司高层展现您的雄心壮志并没有错，但只有出色完成各项分内工作，才会对您的职业发展起到最大的帮助。总而言之，履行好本职义务是您的第一优先，其他所有的理想抱负都得让位于它。

寻求贵人相助

如果公司高层中有人能够替您美言几句，是很有帮助的。因此您应当与接触到的所有高管建立良好的关系，让他们了解您的能力水平，认可您的乐观积极。如果只有您的上司对您赞赏有加，那么一旦他从公司离职，您就会失去唯一的靠山——除非他在新东家那里为您谋了份美差。相反，如果您可以给诸多高管留下良好印象，甚至得到某些重量级高管的力挺，那就再好不过了。因此，对于所有能够与其他高管接触的工作任务，都要一如既往地全力以赴。

风格与功绩

想要实现本章中涉及的所有目标，需要您展现出卓越的能力与自信。通常情况下，"合格"与"卓越"之间的差别主要体现为风格的不同。您的行事风格会直接影响上级对您的评价，如果您的风格很合上级心意，便会为您加分；同理，令人不悦的风格也可能会引发某些负面效应。

出色完成任务并将收益最大化是一回事；以欺诈手段，营造出"表现优异"的假象则是另一回事，将给您带来无穷的后患。总而言之，您的出色表现必须建立在名副其实的基础之上。

第三十三章

做好时间管理

您是否曾在下班回家时,感到自己这一整天一无所获?我们可能都有过类似的经历:从早到晚都在忙着四处"救火",自己的活儿却一点儿也没做。有时这也是没有办法的事情。但如果这种情况经常出现在您身上,那么部分原因可能在于您缺乏足够的时间管理能力。

化整为零

下面我们通过一位成功的纪实作家之口,向您介绍一种非常有效的时间管理方法:

大约十年前,我开始全力投身写作事业。起初我给自己设定了每周撰写一个章节的目标。然而一个星期下来,我连一句话都没写出来。因为我总以为需要一次性投入好几个小时用于写作,而实际上我并没有整块的时间，所以到头来什么也没做。后来，我决定将我的目标化整为零，比如每天写两页纸。如果偶尔出现当天任务未能完成的情况，我便要求自己在第二天写完四页。不过如果一次耽误了两天以上的时间，我就不会继续累加任务，否则又会陷入与之前类似的僵局中。

由于设定了更合理的目标，我的写作进度开始大有起色。尽管其他要做的事情一样没少，但不一样的态度和处理方法，产生了不一样的效果。有时候，我甚至能每天写上十几页。而如果我原本设定的目标就是一天写十几页，那么我可能压根儿就不会动笔了。

这个故事告诉我们的是，如果您要求自己一次性完成整个项目，那么很可能让自己望而却步。正确的做法是将整个项目拆解成更小的部分，再利用各种碎片时间去完成。

任务清单

不知您是否听说过已故的美国实业家亨利·凯泽（Henry Kaiser）。他的一大壮举是在二战期间，仅花费短短数日便建造了一艘名为"自由号"的货轮——这可真是一项了不起的成就。

凯泽先生每天走进办公室的第一件事情就是坐在办公桌前，将当天需要完成的事项记录在公文纸上，并按照事务的轻重缓急排序。他会把这张便笺一直放在办公桌上，每完成一个项目，便会用笔划去。优先级高的事情优先处理，而当天未能完成的任务则顺延至第二天。

您不妨也试试用这种简单的办法安排您的一天。您会惊喜地发现，自己能够完成的任务数量有了明显提升。当您在制订一天的任务清单时，就会强制让自己思考如何安排当天的活动，这可能就是这一技巧的最大价值。

如今，我们拥有许多凯泽先生所处年代中闻所未闻的效率工具，可以让您在制订任务清单时更加得心应手。您可以利用各种应用软件，在手机、平板电脑、电子计算机上编辑和保存任务清单。所谓的"目标管理软件"，在互联网上一搜一大堆。不过即使是最简单的文字处理软件，也足以胜任这一需求，关键在于您要做到定期更新。随着电脑显示器越来越大、越来越便宜，您大可以将任务清单始终显示在屏幕的一角。

智能手机上的任务清单和目标管理应用同样琳琅满目。

只要您在苹果应用商店或安卓市场上搜索"任务清单",便会出现大量结果。

当然,您可能更喜欢用一个小小的记事本,以便放在口袋里随身携带。总之,只要选择一个最适合您的工具即可。一个就够了,不推荐同时使用多种工具。

分配时间

现在,只要对您的任务清单稍做改动,便可以使其发挥更大效用。根据您对自己身体状况的了解,如果您在上午时间精力最充沛,那么就应当将最耗费精力的任务安排在上午优先处理;反之,如果您属于"慢热型"体质,则应将重点工作安排在一天的晚些时候。当然,您还可以试着趁自己精力旺盛时把一些不太喜欢的事情攻克掉,但这不应影响到您处理优先事项,不太重要的事情可以再等等。

在制订每日任务清单时,还需考虑任务的类型。有些任务是创造型工作,有些则是逻辑型工作。创造型工作包括撰写项目企划书或准备商务演示等;逻辑型工作则包括撰写生产力报告或部门预算等。

上述任务类型的划分方式与我们常说的左右脑活动密切

相关。一般来说，右脑主管创新活动，左脑主管逻辑思考。不过您无须太过关注自己正在使用哪半边的大脑进行思考，只需要意识到不同的任务在类型上有所差异即可。我们还可以使用"环形"或"线性"表述不同的任务类型，前者指的是创造型工作，后者指的是逻辑型工作。

有些人发现，自己在一天中的某些时间段里（比如早上或晚上）更适合从事创造型工作，而另一些时间段里更适合逻辑型工作。您同样可以通过仔细观察，找出自己状态最佳的时间段，并牢记于心。具体做法就是当您发现自己在某个项目上进展不错时，记录下对应的时间段，以及该任务的类型。经过多次反复观察，便可以发现其中的奥秘，帮助您实现事半功倍。

有些人通过对创造型工作和逻辑型工作进行分门别类，从而提高工作效率。这一做法的原理是运用不同的思维方式处理不同的任务。比如您可以尝试在午前处理创造型工作，午后处理逻辑型工作，或者相反。据笔者了解，某些人在处理完逻辑型工作后很难继续处理创造型工作，因此他们会优先安排和处理创造型工作。

别把任务清单当摆设

读到这里，可能有些人会想：任务清单的确是个不错的方法，但有时我一上班就会陷入一片兵荒马乱，无论怎么制订计划，都无法完成清单里的任何一项内容。确实，有的时候一忙起来，任务清单就像个摆设一样，失去了存在感。这是事实没错，但并不能成为您放弃日常任务规划的理由。

您之所以被选拔为经理人，部分原因在于您所展现出的过人决断力。因此您需要发挥自己的聪明才智，判断什么时候必须坚决执行任务清单、什么时候可以先搁置一边、什么时候需要适当调整。有时您可能需要对当天的任务清单做出修改——甚至一天要修改多次。您对任务清单的驾驭能力，将显著影响您的成功概率。许多成就卓著的公司高管似乎天生懂得随机应变，能够相机调整事务的轻重缓急。如果贵公司的高层中也有此类人物，请仔细观察他们的处理方法，并认真学习。

确定任务的优先次序

一些经理人会将任务清单里的项目分为A、B、C三类。A类项目是最重要的，必须优先完成；B类项目可以稍后处理；C 类项目则是无关紧要的。有些经理人喜欢先从 C 类项目做起，因为这些项目更容易完成，所以会带来某种成就感。然而，请千万不要让自己落入这种陷阱。如果您优先处理 C 类项目，那么即使做得再多也是无关紧要的。更危险的是，如果迟迟不去处理 A 类项目，很可能会引发严重后果。

请注意，项目的优先级可能会随着情况的变化而变化，比如从 A 类降为 B 类。请抽出点时间检视和更新您的任务清单，这将使您的生产力得到成倍提升。

如果某个 A 类项目过于庞杂，难以一口吞下，不妨效仿本章开头介绍的化整为零法，将任务清单里一个总项目拆解为几个分项目。以"编制来年的部门预算"这一大型项目为例，如果您在任务清单上列出一条"编制明年预算"，那么恐怕还没等您动手，便已经深感力不从心了。所以您不妨将其拆解为若干个小项目，比如：

- 预测来年每个季度的收入；
- 初步摸排来年的人员编制；
- 预估来年的物料成本。

许多人喜欢在任务清单上划去已完成的项目，从而获得某种心理快感。如果您使用的是某种目标管理程序或应用，那么可以将完成的项目移至"已完成"一栏（而非删除），同样可以获得相应的成就感。有些人则喜欢用大号的记号笔给已完成的项目打钩，当一天的工作结束后，看到任务清单上面满满都是对钩，那种感觉真是美妙无比。

如果您的任务清单是手写的，那么下班后请不要丢掉，等到第二天上班时再浏览一遍，一是回顾前一天完成的工作（这是一个好习惯），二是检视尚未完成的项目，并将它们移至新的项目清单中。这一步非常重要，尤其要防止某些长期项目被不小心遗漏掉。此外，许多绝佳的创意和项目也会因为未能及时记下来而消失于无形之中。

您是否有过这种经历：睡觉时思考公司的事情，结果在午夜梦回时突然发现了解决方案！然后您继续入睡，结果一大早醒来时却忘得一干二净！对于这个问题，建议您在床头柜上放上纸笔，以便将此类灵光乍现记录下来。

不畏浮云遮望眼

影响工作效率和生产力的一个最大的挑战就是来自各个

方面的随机干扰。有些干扰是情有可原的，比如某些需要立刻解决的重要事项，这就需要您对任务优先级重新做出调整。

然而大多数干扰事项并不需要立刻处理。随着科技的进步，能够干扰我们正常工作的事物数不胜数，比如电子邮件、短信、手机来电、即时信息、推送、视频会议等。这些由科技手段造成的干扰是前人从未经历过的。

上述所有干扰事项都具有一个共同点，就是它们看上去（至少乍看起来）都非常紧急。虽然其中不免掺杂着一些紧急要务，但大多数情况下并非如此。而一旦某件事情看起来十万火急，人们就很容易赋予它优先处理权。于是突然之间，它就毫无征兆地出现在任务清单的首位，导致您此前精心策划的一整套项目方案形同虚设，陷入了所谓的"瞎忙"状态，被眼前的杂事牵住了鼻子。

为了顺利完成既定计划，请不要被各种实时出现的随机事项干扰蒙蔽。只有具备强大的辨别能力，才不会被区区一条短信占用您的一整个下午。每当一些看似紧急的事情发生时，请问问自己："这种事情应当被列入哪个优先级？A类、B类、C类，还是根本无须理会？"当一个新的挑战出现时，很多人都会像接到求援电话的救护车司机一样，心里一个激灵，恨不得立刻出动。不过，在您采取行动之前，请再三确认这件事的重要性和紧迫性，不要被所谓的"急事"带偏了节奏。

闭关时间

一些公司会为员工安排一定的"闭关时间"，以便更好地规划和开展工作。比方说，您每天可以享受两个小时不被任何人打扰的"闭关办公"时间。在此期间，您不会接到任何同事打来的内部电话，也不会被通知参加任何公司会议——但紧急事件还是需要迅速处理的，来自客户和其他外人的电话也是允许接入的。

这种安排有很大的好处。它意味着您每天都可以安安静静地工作至少两个小时，不用接听同事的电话，也不用担心不速之客的来访。您可以在这段时间里完全掌控自己的行动。如果这一做法被广泛认同，那么就有望减少公司内部的相互干扰，以及由此导致的各种"瞎忙"。

至于"闭关时间"的由来，可能是某些人在周末加班时，发现自己的工作效率比工作日更高效，所以试图推而广之吧。不过，不管再怎么"闭关"，也不应切断与客户之间的联系，否则这种做法就难以维系。总之，"闭关时间"是一项值得在全公司推广开来的有益尝试。

自我反思

您应当每天为自己留出一段安静的时间，用于畅想和自我反省。即使无法每天做到，您也应当有意识地为自己安排定期反思的时间。这对于您的内心建设极为重要。此外，充分利用这一段安静的思考时间，往往可以意外破解一些原本看来万分棘手的问题。

除了利用安静时间进行反思外，您还可以追求一个更高的层次，也即所谓的"思想解放"。这一概念出自笔者和卡林奇所著的《前沿商业课：向极限运动员学习风险管理》（*Business Lessons from the Edge: Learn How Extreme Athletes Use Intelligent Risk Taking to Succeed in Business*）一书。所谓的"思想解放"，是许多成功的运动员和企业高管广泛采用的一种创造性策略，它包含两个简单步骤：第一步是找出自己的灵感迸发时刻。一般来说，您需要让自己处于某种不受干扰的状态（往往也是非工作状态），然后再通过诸如散步、骑自行车、徒步旅行、体育锻炼、沐浴、冥想、开车、逛公园、眺望江河湖海等活动催生各种奇思妙想。每个人都有适合自己的激发创意的方式，您也可以发掘出属于自己的方式。

思想解放的第二步是让自己定期置身于有利创新思维的环境中，并将脑海中涌现出的思想火花记录下来。想要做到这一点，您得让自己远离手机和电脑，避免受到各种短消息和电子邮件的干扰。

思想解放的前提假设是，创新的灵感总会在人们的脑海中不断涌动，而创新思维的主要目的就是捕获这些灵感。如果我们一直处于高度紧张的状态，那么这些创新的暗流便很难被感知到了。

因此，您需要采取的行动就是找出思维活跃的时间段，将自己置身于有利的环境中，并留意脑海中时刻涌现出的各种想法。久而久之，您一定会收获满满。

关于时间管理，您还应知道的

以下是来自各行各业的经理人提供的一些建议，希望对您有所帮助：

- 要知道，时间对所有人来说都是一样的——每周168个小时。谁也不比谁的时间多，所以人与人的区别就体现在如何利用时间上。

- 给项目设定最后期限。这一办法对于拖延症患者来说尤为有用。凡事不要临时抱佛脚。有些人总是声称"最后期限才是第一生产力"，其实他们也应当尝试在更轻松的状态下工作，没准能够表现得更好。

- 有效区别"急事"与"要事"。我们每天都会碰到大量的"急事"，但一定要思考一下每件事情的重要性。只有学会有效区别"急事"与"要事"，才能更有利于您取得成功。优先处理"要事"才是最佳策略。这与前文中提及的不要"瞎忙"是相互呼应的。

- 尝试将自己过去一两个星期的时间安排记录下来。制作一个时间日志，并记录下所有的相关事项，您便可以清楚了解自己的时间都去哪儿了。如果我们不对时间的分配利用加以分析，便无法更好地管理它。您还可以请他人对您的时间安排进行评价，旁观者往往能给您一些意想不到的建议。

- 做好每日计划。建议您在前一天晚上安排好次日的工作，这样便可在翌日到来前对所有工作了然于胸。如果等到每天早上再安排任务，可能会被公司里的各种事情干扰思路。所以前者的效果可能会更好一些。但无论早晚，工作计划是一定要做的。

- 做好每周计划。请在每个周六或周日抽出几分钟思考下一周的主要安排，即使周末加班也不要忘记。在周一上班前规划好一周的工作，将让您受益匪浅。只有提前做好预案，才能在遇到各种突发状况时稳如泰山。

- 遵循 70/30 法则。即每天的计划任务不能超过 70% 的工作时间，其余 30% 的时间要留给计划外任务、他人催办的事项以及一些紧急公务。如果您把每天的工作时间都排得满满当当，那么一旦无法完成原定计划，便可能让您产生挫败感。

- 安排固定的时间用于回电话、收发电子邮件、处理文件等。这将带来两大益处：一是集中处理同类事项可以有效节约时间；二是可以让其他人逐渐配合您的时间安排。

- 对于高优先级的事项，切勿被动等待完美的时机和状态，这种理想的情况可能永远都等不来。

- 当顺利完成某个 A 类项目时，不妨给自己一点儿奖励。比如美餐一顿，当天早点儿下班或是找老朋友叙叙旧等。
- 培养守时的习惯。准点上班，按时提交材料，并鼓励下属也这么做。您应当成为部门内的时间管理模范。
- 当您需要心无旁骛、不受干扰地执行某项任务时，不妨考虑在家办公、远程办公，或者使用不太常用或空置的会议室——总之尽量让别人找不到您即可。举例来说，一项任务如果和日常事务掺杂在一起，可能需要好几天才能完成，但如果在家办公，也许半天时间就搞定了。

第三十四章

强化文字功底

很多人明明平日里能说会道,但一旦遇到需要动笔杆的时候,便立刻双手一摊、无能为力。这种情况真是让人哭笑不得。

有些人一旦面对白纸或电脑屏幕便会感到胆战心惊。让我们来探究一下,为什么这些人在应对其他场面时不乏能力与自信,却如此恐惧文字工作呢?

第一,我们很多人都有应试恐惧症,害怕考试。考试的时候,我们所能依靠的只有一张白纸,以及存放在头脑里的知识。只有将自己所学的知识转化为纸上的文字,才能够获得相应的分数。

影响人们写作信心的第二个原因就是缺乏阅读。现代人普遍都是业务材料看得多,业余书籍(无论休闲的,还是有关个人或职业发展的)读得少;另一方面,人们把大量的时间用于看剧和上网,而这些活动远不如阅读有意义。无论电视剧还是网络信息，都很难帮助您提升写作能力，但是阅读可以。虽然我们不应将所有的社会弊病都归咎于电视和互联网，但这二者的确排挤掉了许多人的阅读时间，导致人们的文字功底普遍偏弱。许多情况下，电子邮件和短信对写作能力的提升也微乎其微，因为这两类文本中都充斥着大量结构紊乱、语焉不详的句子，以及满屏的缩略语。

此外，现代人除了偶尔写写电子邮件和短信以外，几乎不怎么写作。所以当他们需要撰写一份长篇大论，甚至需要亲自手写材料时，难免会望而却步。对此我们可以用公开演讲做类比。如果您极少在公开场合演讲，那么很可能会感到怯场。一旦您心生怯意，就会变得格外紧张，紧张到舌头僵硬、说话别扭，您说的每一句话都是在将自己的焦虑感传递给听众，让他们也替您感到不适。这种拙劣的表达不但会毁掉听众对您的个人印象，还会让他们对您所表达的内容产生怀疑。

以此类推，在书面交流中也存在同样的问题。如果您一提到写作就瑟瑟发抖，那么写出来的文字一定是僵硬呆板的。为了掩盖这种情况，您可能会使用一些日常交流中从未涉及的词汇，试图营造一种更为正式的调性，结果往往会让您的行文显得更加矫揉造作。

很多书籍和课程都会教授如何写好商业信函和公文，对您来说大有帮助。如果您正在为写作发愁，或是希望进一步加强文字功底，那么一定要寻求相关书籍或培训课程的帮助。清晰流畅的文笔和富有感染力的表达，将会帮助您在职业生涯中无往不利。

说好故事

每当您想要提出某个观点时，都请试着援引一段故事。一个好的故事，往往比有理有据的论证更有力，同时也会让您的观点给人留下更深刻的印象。作为人类，我们喜欢听各种鲜活的故事。这就是为什么才华横溢的演说家几乎总是用故事表达自己的思想。您可能也注意到了，本书中援引的许多案例，实际上也是一则则故事。无论是第九章中提到的新加坡某酒店，还是第二十一章中提到的学习西班牙语的团队成员以及榫接技术等，都是通过故事的方式说明问题，其效果就是让观点的表达更加有血有肉。

心理意象的功效

提升写作技巧的另一个好办法是发挥"心理意象"的作用。与其坐在电脑屏幕或是白纸跟前一筹莫展,倒不如试着想象一下您的写作对象。在脑海中构思此人的形象,甚至可以想象他正坐在办公室里一张舒适无比的沙发上,一边喝着咖啡,一边阅读您书写的文字。您还可以想象你们二人闲坐于咖啡屋内,您正在向其讲述自己的思想。

想象您正在与对方进行友好交流,那么您会说些什么呢?请写下来吧。注意,请使用符合您语言习惯的词句。如果您在与人对话时不太使用四字成语,那么在书面交流时也不必刻意使用。心理学家指出,为了让自己的文章夺人眼球而使用华丽辞藻的做法,背后透露出的是一种自卑情结。即使您自认文笔欠佳,也不必四处声张 —— 自己知道就好。

当您在脑海中构思写作对象时,一定要想象一张友善的面孔,即使您正在给一位不大喜欢的人写信,也要想象您在与好友进行笔谈,这样您的行文才会充满善意与温情。切勿脑补出某些充满火药味的画面,这可能会让您的字里行间带有敌意。

现在让我们拓展一下场景：假设您要给部门里的所有人员写一封邮件。那么，请不要想象自己置身于礼堂正中央，对着数十位恭敬肃立的下属训话。那种场景太过正式，除非您是一位风趣幽默的演说家，否则您的行文一定会显得生硬而刻板。

正确的做法是，在脑海中想象两三位充满亲和力的下属，假设您正与他们一道享用咖啡或共进午餐，同时进行一些轻松的交流，然后将您想说的话写下来即可。这一方法同样适用于给其他部门的同事写信。

或者，假设您需要向公司总裁提交一份情况报告，再假设这位总裁有些高高在上、令人望而生畏。那么如果您根据这一形象构建心理意象，可能会让情况变得更糟。所以您可以调整策略，想象一位性情温和的人，把他当作总裁，那么您在撰写汇报材料时的口吻一定会完全不同。

避免行文严肃刻板，并不意味着可以容忍语义不通和语法错误。一些所谓受过良好教育的商务人士所撰写的电子邮件，有可能让他们的小学语文老师看完之后捶胸顿足。许多公司都会开设内部培训课程，专门讲解如何写好电子邮件。在撰写电子邮件时，最起码要保证拼写和语法正确。有些邮件可以言简意赅，不用尽善尽美，但并不表示可以出现拼写、结构或语句错误。错漏百出的文字会让您的专业性和严谨性大打折扣。

还有些时候，您需要撰写一封高质量的邮件，比如向一大群人做宣介推广。请始终谨记，电子邮件不仅代表了您的公众形象，而且还可能成为存档文件，被大家转发。只要行文措辞上稍有不慎，便可能引得众人皆知。您总不希望连某些素未谋面的同事都因读过您的拙劣邮件而对您产生糟糕的第一印象吧。从积极的方面看，一封高质量的邮件有助于塑造您缜密、专业、令人信服的光辉形象。

如果您对书面交流中的语法、词汇或遣词造句感到头疼，那么请恶补一下基础知识。这些知识并不复杂，只要购买一本廉价的语法书，或者去当地大学或高中补习一下相关课程，便能有所收获。您还可以通过辞典和同义词网站学习正确的遣词造句。在写作问题上，千万不要依赖助理或同事的帮忙。找人代笔固然简单，但这会导致您迟迟无法掌握写作这一重要技能。

之所以要关注写作中的拼写和语法错误，还有一个重要原因在于，如果您在写作时出现类似错误，那么很可能在正式或非正式的谈话中也会出错。这样对您未来的职业发展和晋升都没有好处。

因此,无论是写作还是交谈,请充分尊重并正确使用语言,通过熟练驾驭文字展现自身魅力。还有别忘了,写作时一定要在脑海中构建一个亲和友善的心理意象。

第三十五章

小道消息

如果要给这一章加个副标题的话,笔者认为可以是"最有效的沟通方式"。任何一个人数超过五个人的组织都会建立一个"地下情报网"。人们的沟通欲和好奇心是滋生小道消息的土壤,如果人们得不到想要的信息,他们便会捕风捉影。没有人能够制止小道消息的传播,所以请正视它们的存在,并接受它们无孔不入的事实。评价小道消息的好坏并没有意义,重要的是充分了解其运作机制,避免自己深受其害。

您可以将小道消息视为公司里的一个影子社交网络——事实上在许多情况下这是一个更有效的通信网络。如果我们把公司的备忘录、电子邮件、内网布告等正式沟通途径比作高速主干道,那么小道消息则相当于两侧的沿街辅路。两条道路都通往同样的目的地,但有时候抄小路的速度会快一些。我们可能都有过被堵在主干道上,眼睁睁地看着辅路上的汽车飞驰而过的经历。同样,有时候小道消息传播信息的速度会远快于正规渠道。

作为经理人,如果想要避免受到小道消息的不利影响,一个有效的办法就是加强沟通。只要清晰、有效地向团队成员传递信息,便能够减少坊间的以讹传讹。捕风捉影和流言蜚语是无法根除的。通过加强信息沟通,您可以及时澄清一些事实,不过永远不可能将流言消灭干净,对此您需要有正确的认识。

即使在下班后,小道消息仍然会通过手机和邮件传播。比如在深更半夜您突然收到一封邮件,里面写着:"出大事了!你下午不在公司可能还不知道,说起来你可能不信……"诸如此类。流言蜚语就是这样传播开来的。

以下这个故事可能值得您借鉴:在一家商业银行里,有几位新晋经理人想要测试一下小道消息的传播速度到底有多快。他们了解到在公司的五楼有一位特别擅长八卦的同事,于是他们便委托一位经理人前往五楼,向这位同事透露了一条离谱到没边的消息。然后这位经理人就从五楼返回一楼办公室,前后花了不到十分钟的时间。谁知他刚一坐下,秘书便跑过来说:"您肯定不敢相信我刚才听到了什么。"然后他便将这位经理人编造的流言又复述了一遍,当然也少不了添油加醋一番。

适当利用小道消息

作为经理人，您可以对小道消息的传播加以利用。如果您与下属关系不错，他们便会与您分享情报。事实上，有些人还会争先恐后地给您带来第一手爆料。

您还可以利用小道消息的传播效率，通过这一渠道传递信息。不过请注意，一旦这么操作，您便很难保证信息在传播过程中的准确性。有鉴于此，您应当充分重视与团队成员的直接沟通，只有这样，才能避免口口相传过程中常见的添油加醋。

如果您希望通过小道消息试探口风，那么首先要找到给力的传播者。请问问自己："如果想要把消息尽快扩散出去的话，应当找谁最合适？"一旦找到了公司里的"大喇叭"，您就放心把任务托付给他吧。没准您前脚刚走，流言便已经铺天盖地了。

传播小道消息的最佳套路就是在具体内容前面加上"跟你说件事，你可千万别告诉别人……"或者"根据绝密情报……"等。把气氛营造得越神秘，消息传播的速度就越快。话说回来，那些真正需要保密的信息，只有烂在自己肚子里，才是最保险的。

第三十六章

授权，您的最佳拍档

授权是任何经理人都不可或缺的一柄利器，它的重要性，再怎么强调也不为过。合理的授权能够帮助您摆脱许多事务性工作，将更多的精力用于提升管理和领导力。授权不是派单。授权是将自己的某项工作委任给某位下属，目的在于培养员工和提升工作效率；而派单则相当于对下属说："我太忙了，你得帮忙分担一些工作。"切勿将二者混为一谈。

授权的好处

授权的好处有很多。首先，您可以让员工学到新技能、获得新成长、为公司发展做出新贡献，他们也会因此而变得更积极和敬业。对于公司来说，授权是一件收益成本比很高的事情，将手头的一些具体事务委任给他人，您便可以腾出更多时间开展更有价值和更具挑战性的工作。

其次，授权可以帮助您拓宽视野。成功的经理人需要在挑战和机遇来临之前未雨绸缪。只有懂得授权，才能让自己获得更多的时间精力对未来的形势做出预判。试想一下，当您陷入各种烦琐事务的泥沼中无法自拔时，又怎会有余力培养自己的远见呢？只有善于利用授权，才能让自己从泥沼中抽离出来，投身到更加需要您发挥聪明才智的领域。

最后，授权还是一个十分强力的培训手段。团队成员一般会通过参加培训来提升技能，但如果能够得到授权处理某些实务的机会，那么他们所能收获的知识和专业成长，将是任何纸上谈兵都无可比拟的。

为什么新手经理人不愿授权

既然授权有那么多好处，为什么有些经理人却很少采用呢？首先一个原因在于，他们不知道该如何授权。毕竟授权也是一项需要锻炼的能力。其次，有些经理人缺乏安全感，他们担心下属做得比自己更好，或是害怕引起非议："经理把活儿都交给我们了，他自己岂不是无事可做？"当然，还有些经理人过于热爱自己的工作，以至于什么事情都不舍得放手。所有原因中最普遍的一种就是，有些经理人不放心授权的结果。当经理人亲自处理事务时，他们对过程和结果都心知肚明，但如果委任他人处理，那么情况就有些不可控了。

尽管上面列举了这么多原因，但其实每一个都很牵强。如果非要找到比较站得住脚的理由的话，可能是上级明令禁止授权，或者是下属不具备相应的能力和条件。

不应授权的情况

即使您做到首席执行官的位置，也不应将人事管理工作委派给他人。无论是绩效考核、薪酬管理、员工评价、业务培训、纪律惩戒，还是离职解聘，这些事务都需要您亲自把关。只有面试是一个例外。正如前文提到的，让团队成员参与招聘面试，对其来说是一个很好的学习机会。此外，对于诸如公司裁员等敏感或保密的工作，您也不能授权他人处理。总之，您应当树立正确的授权意识，确保所有授权的事务都是适合委任的。

授权对象

理论上说，所有的下属都可以成为您的授权对象，不过您必须根据不同人的不同能力进行差异化处理。请注意，不要因为某些员工能力强就不停地给他们压担子。超负荷的工作很容易压垮员工，让您得不偿失。如果您的授权对象经验不足或能力欠佳，那么一定要手把手地教会他整个流程，并多花些精力督促任务进度。对于曾经办事不力的员工，您也可以继续给他委派工作，如果他能把握住这次机会，便可以重拾信心。同样的道理也适用于问题员工。交给他们一些新的任务，没准能让他们的工作态度有所改观。

授权的步骤

以下一些参考步骤可能对您实际开展授权有所帮助：

1. 首先分析一下当前有哪些任务、项目或工作是可以委派他人完成的。预估一下这些任务的完成期限、所需资源等。
2. 考虑应当将该任务授权给谁。想一想哪位下属最积极，哪位下属在时间和能力方面最符合要求，哪位下属曾向您主动请缨过。
3. 一旦确定了人选，请将这位下属喊到身旁，对即将委派的任务做出说明，描述越详细越好。同时别忘了指出承担这项工作的预期收益。如果对方是初出茅庐的新人，您就应当投入更多的沟通时间，介绍更多的细节。

4. 双方就任务目标和时间表达成一致。这一点至关重要，应当形成一份书面备忘，或是稍后以电子邮件的形式确认双方协商一致的具体内容。您可以让被委任的员工起草这份电子邮件，再由您确认。某些复杂任务可能会涉及多次评估，对此一定要予以足够重视。成功授权的关键在于目标明确且一致。

5. 最后，讨论一下您将如何监督委任事项的进度。

完美主义的误区

既然此前提到经理人抵触授权行为的一大原因是结果的不确定性，那么我们不妨将这一话题延伸到关于完美主义的探讨上来。许多人误以为完美主义是一个优点，但事实并非如此。对自己高标准、严要求是优点没错，但求全责备则是另外一回事。

所谓的"完美主义"，通常被定义为：对任何瑕疵零容忍。对此我们不妨反思一下：首先，世界上几乎不存在"完美"这种东西。任何产品或成果都很难做到零瑕疵，而且，一个人心目中的完美未必是其他人心目中的完美。如果您坚持沿用自己的一套标准，那么被委任者在执行目标任务时便毫无自主权。

如果您一面授权给他人，一面又要求对方的所作所为必须与您设定的标准分毫不差，那么换谁都不乐意接手这种工作。因为您名为授权，实则是把下属当作机器一样操控。与此同时，对方的经验、观察力和创造力也失去了用武之地——您扼杀了其他所有的可能性。

想要成为一位成功的授权者，您就必须接受并尊重这样一个事实，即每个人的行事风格各不相同。您可以与员工约定好最终目标和期限，但请尊重对方自主选择前进路线的权利。当然，您应当根据您的经验判断，指出前进路上可能会出现的障碍；但与此同时，请一定要相信您的下属有能力找到另一条合适的道路，与您殊途同归。话说回来，如果您并不信任下属的决断，那就说明您所托非人，这可就是您自己的问题了。

顺便一提的是，如果您希望自己经手的项目都能做到尽善尽美，那么以下建议可供参考。总的来说，有些事情的确容不得半点疏漏，但也有很多工作的容错率较高，没有必要吹毛求疵。所以，一旦拥有了分辨上述二者的能力，您就可以轻松拿捏什么时候应该以效率为先，什么时候又应该毫不妥协。

举例来说，假设您为了给新项目筹措资金，需要在董事会面前进行一场演示。这种高规格的重要活动显然需要您全力以赴，即使无法做到天衣无缝，也应以最高标准要求自己。这种情况下，您可能需要投入大量时间用于准备、排练以及模拟答辩等。

相比之下，假设您是为了向团队成员介绍某个项目流程而准备一场演示，虽然这项工作也很重要，但就没有必要苛求完美。换言之，如果您以对待董事会的规格筹备这场内部演示，并付出了同样多的时间和精力，那就毫无必要了。倘若真的出现这种情况，您可能得好好反思一下自己的完美主义倾向了。

总之，以上论述的中心思想在于，您必须学会审时度势，根据目标的重要程度，合理配置自己的时间和精力。请充分认识到，为了追求一个近乎完美的结果，您可能需要多花一到两倍的时间。而时间对您来说无比稀缺和珍贵，一定要用在刀刃上。不要在一些无伤大雅的问题上挥霍时间，这种本末倒置的完美主义，我们不要也罢。

避免向上委托

有些下属可能会试图将自己的某些职责推卸给您，他们的理由通常是自己太忙、工作太难，抑或您比他们更在行。对于这种行为，您一方面要坚决抵制，一方面也要提供必要的帮助。不过无论怎样都不能把活儿揽到自己手上。作为经理人，您要做的是培养下属，而非给他们打工。

放眼未来

学会合理授权，不但有利于您的个人发展，还将使团队和公司从中受益。不懂得授权的经理人是难成大器的。您应当经常思考：今天、明天、乃至将来的某个时刻，还有什么事情是可以授权给他人的。只要善于学习、勤于操练，就一定能让您和团队充分享受到授权带来的种种好处。

第三十七章

培养幽默感

很多经理人平时总是板着个脸，不苟言笑。我们的生活中充满了各种挑战，有时还很残酷，如果再没有幽默感的话，那可真要变成一潭死水了。对于新晋经理人来说，不要总是一脸严肃的样子，而应着力培养自己的幽默感。

许多人整天神经紧绷的一个很大原因在于工作和生活的节奏实在太快了。我们每天都会遇到很多重要的事情，尤其是在办公的时候。我们都应当认真对待工作，但只要尽力而为，就不必总是忧心忡忡。关键在于，我们要学会与自己达成和解。很多情况下，都是我们自己把自己逼得太紧了。

当然，这并不是说工作不重要，否则老板也不愿意花钱请人干活。但我们必须正确看待工作。也许某项工作对公司来说是件大事，对领导和同事来说都是大事，但与漫长的人类历史相比，不过就是沧海一粟。如果某一天您过得非常糟糕，诸事不顺，请告诉自己，时间会抚平一切。所以为什么要让这些"浮云"影响到您一天、一周、一月甚至一年的好心情呢？工作固然很重要，如何看待工作更重要。

正如英国作家霍勒斯·沃波尔（Horace Walpole，1717—1797年）所指出的："生活对感性的人来说是悲剧，对理性的人来说则是喜剧。"

如果您多一些幽默感，生活就会变得更轻松一些。其实我们每个人或多或少都有一些幽默感，只不过有些人的幽默感更强一些。如果您觉得自己还不够幽默，那么就试着提高一下吧。

培养幽默感

以下这条新闻也许能够让您对培养幽默感更有信心：许多以风趣幽默、极富搞笑天赋而著称的人其实并没有那么神。他们只是记性不错，可以适时回想起自己曾经听过或读过的一些应景的幽默台词而已。他们是名副其实的幽默大师，但这种幽默感对创意的要求其实并不高。这就有点类似声乐领域的所谓"绝对音高"和"相对音高"，前者往往是与生俱来的，而后者则是可以训练培养的。

所以您可以通过阅读、观看喜剧电影以及学习喜剧表演等方式培养自己的幽默感，还可以学习电视节目中的搞笑艺人，模仿他们的幽默表达。至于那些把奶油蛋糕扣在脸上或者一屁股摔在地上的"视觉幽默"，切勿把它们照搬到工作场合，也最好不要用于社交活动中。

鼓励欢声笑语

作为经理人，除了培养自己的幽默感以外，您还需要营造一个充满欢声笑语的工作环境。如果办公室的氛围非常轻松愉快，那么员工会更喜欢上班，工作时会更卖力，效率自然也会更高。您可以采取各种手段鼓励团队成员"没事偷着乐"。以下是一些小建议：

- 每次开会时都用一个笑话作为开场白，或者让某位员工先讲一个笑话。
- 设置一个开心布告栏，与同事们分享一些幽默漫画、连环画、小笑话等。
- 曾有位经理人将部门的储物间改造成了娱乐间，在里面放了一台DVD播放器和一些喜剧光碟。当员工需要放松一下时，便可以进去看几分钟搞笑片，然后开怀大笑。

您不妨尝试一下这些做法，或者自己设计一些其他方法。

要幽默，不要讽刺

幽默感也要讲究适度。笑话太冷不好笑没有关系，但如果为了搞笑而被同事们当作小丑可就得不偿失了。幽默是一回事，滑稽则是另一回事。其中的差异，懂的都懂。这里要特别提醒大家的是：如果您以前一直表现得一本正经，那么请不要瞬间切换成搞笑模式，否则别人一定会以为您吃错药了。

许多人都误把讽刺当成幽默。有些辛辣的讽刺确实很好笑，但这里面存在两个问题：首先，您会给自己戴上一顶"愤世嫉俗"的帽子，而这种形象与您的经理人身份极不相称；其次，讽刺往往会冒犯他人，这种"骂人揭短"的做法很容易给自己四处树敌。一般来说，请不要取笑别人的痛处，否则会显得您既小气又刻薄。

好的幽默可以是自我吐槽，也可以不冒犯到任何人。拿自己开涮是一种自嘲式的幽默，不会伤及他人；与别人相互揶揄也很搞笑，但并不适合新手操作，请尽量避免。

利用幽默化解紧张

越是"兵荒马乱"的时候，越能体现出幽默感的价值。一句应景的俏皮话可以有效地放松心情、缓解紧张情绪，就好像打开了一个蒸汽阀门，让压力充分释放出来。幽默是化解紧张的舒缓剂。如果您觉得有些场合不宜大声说笑，那就在心里面偷偷乐吧。笑一笑，十年少。

我们的日常生活充满了各种乐趣，但我们需要有一双善于发现的眼睛。正如我们身边有很多美好的事物，但如果不去关注，就可能遗憾错过。请多多锻炼自己的幽默感，您会慢慢发现，这个世界远比您想象中的更有趣。

关于笑面人生，还有一个非常充分的理由，那就是：没有谁能够活着离开这个世界，所以对待生命不妨洒脱一些，不要把工作看得高于一切。

第三十八章

组织会议

本书第三十三章中介绍了有关"闭关时间"的内容。在"闭关"期间，员工不会接听内部电话，也不会参加会议，从而保证每天有一段不被打扰的工作时间。事实上，如果企业和政府部门能够把一年中所有不必要的会议全部取消，没准整个国家的生产力都会大幅提高。会议其实是一项高成本的活动，因为它会打断所有人的正常工作。所以您应当尽可能通过其他方式达到目的，不要轻易召开会议。如果只是为了传递信息，那么完全可以通过发送电子邮件和附件的方式进行；即使是为了讨论问题和商议决策，也不一定非要开会，您可以试着组织一场虚拟研讨，并通过共享文档记录下每个人的发言即可。虽然这种在线交流并不能完全替代最终的决策会议，但它的确有助于让会议变得更加简洁、高效。纯粹的单向沟通根本无须开会，除非参会者互不相识。当然，时不时把团队成员聚在一起相互交流还是很有益处的。

会议成本

您能否从成本收益的角度证明会议的合理性？假设您计划组织一次部门会议，与会者是包括您在内的10位团队成员。您希望在会上了解一下大家对上周实施的操作新规的看法，同时还要讨论一些未决事项。整个会议时长约2小时。现在让我们测算一下本次会议的成本：假设每位员工的平均年薪是8万美元，按照每年50个工作周计算，员工的平均日薪约为320美元，也即每位员工2小时的薪水是80美元。然后再将这一数字乘以10，结果是800美元。这还不包括会议室租金、茶歇等费用。此外，有些员工为了开会，在来回路上也要耽误时间，所以他们的成本还要更高一些。现在，请再反思一下本段开头的那个问题："您能否从成本收益的角度证明会议的合理性？"如果可以的话，那就照开不误；如果结论是不够合理，那么不妨考虑别的替代方案。

提前告知

这里介绍一个有助于提高会议效率的方法，即提前几天将会议议程发送给与会者。如果与会者在开会之前毫无准备，那么会议效果会大打折扣。当然也有一些临时召集的会议，来不及提前告知。但所有计划预定的会议都应当一早准备好议程。

如果会前只有您一个人了解会议内容，这也许能满足您的虚荣心，却会严重影响会议质量。您应当在议程中列明每个议题以及相应的时间配额，并尽可能遵守时间规定，以便准时散会。没有什么事情比会议超时更令人感到恼火了。

如果会议临近结束时，还有议题尚未讨论，那么恰当的做法是让与会者决定究竟是延长会议、择期再议，还是暂时搁置。无论何种情况，您都应迅速修改议程，充分把握有限的剩余时间，将最重要的议题尽快完结掉。

您可以尝试将若干个议题分别交给不同的与会者主持。这一安排会让当事人更加专心致志，并帮助他们提高领导和协调能力。此外还有一种提升参与度的方法，就是请与会者就下次会议的议题提出建议，也许他们的观点能够让您耳目一新，毕竟您不可能对整个公司的情况都了如指掌。

请准时开会。如果预定的时间到了，大家都还在干等着会议开始，那显然是在浪费宝贵的时间和办公资源。如果您以恪守时间而闻名，那么其他人也会变得更准时。此外，不要让与会人员觉得自己还不如某位迟到者重要。

关于议程安排，还有一个关键点在于，要把最重要的议题放在最前面。有不少会议的议程都是首先讨论不太重要的议题，占用了大量的会议时间，导致留给最重要的议题的时间所剩无几。

经理人常犯的错误

许多刚接触会议组织工作的新手经理人觉得自己应当对所有议题都有所表态。其实没有必要。请注意，会议的目的在于讨论问题，而非没话找话。有选择地针对某些议题发表深刻见解，比在每项议题上都泛泛而谈要好得多。您应当让与会者觉得"这位经理很有见地"，而非"这位经理每次都要说话，但每次说的都没什么营养"。

另外一个不好的极端则是在会议全程都默不作声。这会让别人认为您比较怯场，脑袋空空，或是缺乏兴致。这些可都不是什么好印象。即使您的确有些怯场，也一定要强装镇定。本书第三十九章中将会介绍公开演讲的技巧，也许能够帮助您有所提高。

切勿在讨论过程中诋毁您的下属，这种行为跟出卖朋友没什么区别。一定要注意对事不对人。曾经发生过某位经理人因在公司高管面前诋毁员工而导致自己职业生涯毁于一旦的前车之鉴。诋毁他人的行为与上一章提到的讥讽他人一样,都会让您的形象一落千丈。

有些经理人喜欢在有公司高管出席的会议上卖弄自己的管理技巧和商业头脑。如果能够拿捏得当的话,当然无可非议。但如果您将会议当成一场与其他同级经理人的角力,那可就跑偏方向了。您的主要任务是在会议上提出真知灼见,而非抢尽所有人的风头。千万别把会议室变成您与其他经理人的"宫斗"现场。

另一个很多经理人都会犯的错误是,他们喜欢观望老板对于问题的观点立场,并与之保持一致。这种做法背后的逻辑是:老板可能更看重与自己观点或思路一致的经理人。不过大多数老板会很快识破这种心机,然后将这些经理人视为"软脚虾"。如果您的观点与老板不同,请一定要表达出来。当然,在具体方式上需要讲究策略,以理服人。如果每个人都只会随声附和,那还开会干吗呢?

顺便一提,许多经理人缺乏与老板针锋相对的勇气。事实上,在绝大多数情况下,勇于表明自己深思熟虑后选择的立场(即使与老板的观点相左),远比盲从老板要更有利于您的职业发展。而且有的老板甚至会故意抛出一个错误论调，然后观察哪些人会盲目跟风、哪些人又会仗义执言，并对后者给予肯定（能够做到公司高管的人，绝大多数都不是等闲之辈）。

如果某个项目或会议的主持者级别高于其他人，那么他应当保留自己的意见，直至所有人都表态完毕。举例来说：假设在由公司总裁牵头成立的一个负责公司重组事项的七人小组里，对于总裁来说，明智的做法是在征求完所有组员意见之后再表明自己的态度。这种做法可以有效避免组员为了讨好总裁而曲意逢迎，或是担心遭到冷遇而不敢提出异议。

事实上，一名合格的高管并不需要员工或项目组成员的阿谀奉承，同时也要通过以身作则让新的经理人敢于发出不同的声音。当然，前文中也曾提到有些高管口口声声表示自己不需要唯唯诺诺的下属，实际上却说一套做一套。最后的结果只会把所有下属都变成应声虫，只会一味附和领导，这简直就是在浪费公司的钱财和行政资源。

参与项目的益处

有时候，您可能会被邀请参与某个项目组。通常来说，这种项目工作都是自愿参加的。在选择项目和项目团队时，请一定要擦亮眼睛，因为您要为此付出额外的时间以及从主业中抽出一部分精力。尽管如此，经常参与项目工作还是会让您受益良多：

首先，您之所以会被邀请，说明有人相信您会对项目做出重要贡献。如果您选择参与其中，那么就请全力以赴，做出点成绩。

其次，通过参与各种项目，您可以广泛接触到公司高管和其他经理人，在提高自己曝光度的同时，也可积累大量的人脉资源。

最后，您还有机会参与到某些超过自身权限范围的决策过程中。这将有利于您拓宽视野，培养"全公司一盘棋"的大局观，并找准自己的团队在整个公司中的定位。

如何主持会议

能够成为会议主持是一种荣幸，这说明您的领导力（至少是领导潜力）得到了大家的认可。所以，遇到这种机会请不要推脱。

一个人的主持能力，往往是在不断总结失败教训的基础上培养起来的。比如说，很多会议耗时过久，以至于我们不得不怀疑是不是有人为了逃避干活而故意拖慢节奏。然而事实上，很多冗长的会议都是组织或主持不力造成的。

除了前文建议的提前发送会议议程之外，还应当一并提供会议材料，以便与会者提前参阅。这样一来，只要在开会时提出若干修改意见，之后便可迅速达成一致。相比之下，如果等到开会时再发放材料，那么所有人都不得不花十几分钟时间浏览文件，然后再强迫自己"从鸡蛋里面挑骨头"。这种会议效果显然要差很多。

您应当在所有议程上注明会议的开始时间。如果还想进一步强调会议纪律，那么最好再加上预计结束时间。明确会议时限，将促使与会者更专注于手头的议题。

大多数会议都不要求过分正式。您很少会遇到只有议事专家才能参加的会议。如果真的这么正式，那么您可能就得学习一下《罗伯特议事规则》（Robert's Rules of Order）了。手里常备一本议事指南当然很好，只不过很少能用得上。多年的经验告诉我们，几乎没有什么商务会议是需要搬出议事规则的，顶多也就是拿它开开玩笑。

在主持会议时请遵循基本规则和常识。一定要保持沉着冷静，不要被任何人搅乱了阵脚。待人以礼，不要居高临下。请记住您是会议的推进者，而非主宰者。请确保会议紧扣主题，既不要随意打断发言，也不能放任跑题偏题，提倡就事论事。一位合格的主持人不会鼓励同样的观点重复表达。

开会时，其他人都可以情绪化，唯独您不可以。您需要比其他人更有条不紊。请试着和与会者建立一种融洽的关系，这样一来，当他们遇到某些特殊情况时，便会与您提前商量，以免在会议现场发生不愉快的插曲。要秉持公正，即使对某些非主流的小众观点也应给予尊重。要在多数派和少数派之间做好平衡，至少要让少数派充分表达自己的意见。如果您在各种观点之间不偏不倚，便可赢得所有人的尊重和鼓励，并让他们乐于畅所欲言。一家海纳百川的公司往往会更加充满创新精神。当好会议主持人，也是展现您卓越领导力的一大良机。

其他一些开会技巧

在会议开始时就定好一些基本规则——大家都需遵守的行为准则——将有助于减少摩擦，使会议进行得更加顺利。这些基本规则可能包括：不要在他人发言时窃窃私语、讨论问题时对事不对人、听从主持人安排依次发言、不要交头接耳、紧扣主题、平等参与等。此外，还要明确会场是否可以使用手机、平板电脑等电子设备。为了避免占用宝贵的会议时间，您可以通过电子邮件的方式，将这些基本规则提前告知所有与会者。您还可以和大家共商会议规则，这对开好每一次会议大有帮助。

会议期间，可以请专人将与会者的发言要点记录下来，并写在白板上或显示在大屏上，以确保发言者的观点和立场被明确传达，同时也可避免发言者重复表达自己的观点。如果您发现某位发言者一直在说车轱辘话，便可提醒对方，当前陈述的内容已经被明确记录下来，请他继续提出新的见解。

如果您在主持会议时发现同时有多位与会者要求发言，那么您应当认可他们的发言意愿，并安排好发言次序。这样他们便会静下心来，坐等自己的发言机会。这一处理方法同样适用于有人插嘴的情况。请告诉这位"乱入者"，您会为他安排发言机会，但在此之前，请让当前的发言者把话说完。

有时候，您会发现好好的一场会议演变成了两三个与会者之间的胡吹海侃，那么请提醒这几位仁兄改天再聊，如果他们坚持认为自己的讨论内容与议题相关，可以让他们将讨论结果通过电子邮件的形式报告，或在下次会议上公布。这样能够避免两三个人的讨论挤占其他与会者的宝贵时间。事实上，这种情况经常发生，而且当事人很少会意识到他们之间的"神聊"，已经把整个会议的节奏都给带偏了。

当您主持会议讨论时，可以在与会者发言之前询问预计用时——不管是两三分钟，还是五到十分钟，都能让发言者明确自己的时间额度，并有效利用。如果计划用时结束后对方仍在侃侃而谈，那么您可以轻声打断一下，询问还需要多久时间，从而礼貌地提醒对方尽快结束发言，确保议程顺利进行。

会议结束后，不妨花五到十分钟的时间与大家讨论一下会议效果如何。要尽可能收集各种反馈意见，以便您提升后续会议的主持质量。

在制定会议议程时，请在开头部分阐明会议的目标和意义。

在邀请与会者时，请注意宁缺毋滥，尽可能控制会议规模。此外，有些人不必全程参会，他们只需要参与某些感兴趣或必要的议题即可。

请严格控制会议时间，越短越好。因为大多数人的专注力极限是两个小时,如果超过这一时间,就需要安排茶歇,这样不但会议总用时会更长,成本也会更高昂。

会议结束后,请为每位与会者准备一份后续行动计划,确保所有人清楚了解自己以及他人的后续任务。

若非必要,请勿随意召开会议;开会时,请注重简短高效。只要做到这两点,就能组织好一场参与度和效果俱佳的会议。

远程及视频会议

有时候,您需要安排某些异地人员通过视频方式远程参会,如何在这种情况下保证会议质量就成了一大挑战。轻易不要让异地人员仅通过音频参会,除非会议非常简短,否则他们便无法与现场人员进行视觉互动。

在组织异地人员远程参会时,请注意以下一些基本要点:

- 远程会议与现场会议有明显差异,不可完全照搬现场会议的模式。
- 远程会议需要更周密的提前策划。

- 即使是视频会议，也会显著影响与会者之间的非语言交流。这意味着您需要鼓励他们采用更清晰和具体的沟通风格。
- 请关注不同与会者的时区差异，尽量安排在所有人都方便的时间开会。如果实在无法保证所有人都在自己的工作时间开会，那么请采用轮转式的会议时间，以免每次都让相同的人员牺牲非工作时间。
- 最好能在会前与远程参会者进行一对一沟通，对话题进行初步引导并提出相关要求。这样可以避免在会议开始后发生沟通不畅、需要临时纠偏的情况。
- 有些情况下不建议召开视频会议，比如会期较长、议题较多的会议等。此外，对于需要进行头脑风暴或战略研讨的会议，必须确保与会者之间能够自由交换意见，因此也不适合召开远程会议。

以下一些基本规则有助于您组织好一场远程会议：

- 每次开会前都要让所有人明确会议目标，这一点在有远程参会者加入的会议中尤为重要。

- 提前向所有与会者发放议程、会议材料以及会议要求。
- 严格控制议题数量。
- 请提醒远程参会者在较为清静的环境进行会议连线。咖啡厅或餐厅等场合可能并不适合。
- 会议开始时，请先向每位与会者致意，并让他们依次做自我介绍。这有助于营造一种友好氛围，并适当化解会场中的无聊氛围。
- 在不冒犯他人的前提下，请要求所有与会者将手机关闭或调成静音模式。如果关闭手机，远程参会者之间便无法互发私信，您应当对其中的利弊加以权衡。
- 会议主持人应当多花些心思确保远程会议的流畅度。这意味着主持人可能需要时不时地向远程参会者确认会议收听状况，并询问远程发言者是否需要做出额外解释。
- 如果您需要听取远程参会者的意见建议，请挨个征询并保证每个人都有发言机会。您应当将意见征询环节的安排提前告知与会者，以免对方措手不及。
- 会议主持人应当确保同一时间只有一位发言者发言。

- 请要求现场和远程参会者在每次发言时表明自己的身份，以防他们的头像未能成功显示在视频或演示画面中。
- 每隔半小时左右稍做休息，以免有人自行离开会议。

请在会议开始前明确交代视频通话的相关礼仪，做好预期管理。这些做法看上去有些夸张，但其实很多远程参会者并不知道哪些行为会对会议造成负面影响。远程会议上需要注意的一些礼仪包括：

- 请远程参会者提前15分钟登录会议平台，以便验证连接，并确保会议应用程序运行正常。
- 请提醒所有与会者在开会时集中注意力。不要在会议过程中收发电子邮件、回复短信或上网，因为敲击键盘的声音会很明显。很多人都建议使用纸笔来做会议记录，也是为了避免发出键盘敲击声。
- 眼神接触在面对面交流时非常重要，在视频会议时也同样重要，这就需要提醒远程参会者注意正视摄像头。
- 着装要得体。即使参加视频会议也要注重商务规范，着装要得体。当然，除非会议统一要求着正装，否则也不一定非要西装革履，但至少不能穿睡衣。
- 请提醒所有与会者，如果因故需要中途离开会议，必须提前告知主持人。

除了上述建议以外，还要指出的一点是：请提醒远程参会者，一定要注意视频画面中的背景环境，不要让视频背景显得花里胡哨或是很不专业。如果现实环境难以符合要求，那么可以购买专门的背景幕布挂在身后。此外，还要注意室内照明条件。昏暗的光线会让人看起来十分诡异或一脸病态。

最后，即使您的团队成员都在本地，有时可能仍然需要组织远程会议。因此，您应当为自己和团队着想，考虑如何将此类会议组织得既轻松又富有成效。

第三十九章

登上讲坛——公开演讲与职业发展

令人惊讶的是,有不少经理人平日里表现出色,但一遇到公开演讲的场合就会抓瞎。只要一站上讲台,他们便会表现得目光呆滞、支支吾吾、乏善可陈,让听众进而质疑他们的工作能力。这种印象或许并不准确,但人们的直观感受的确会影响到他们的行为。

提前准备

很多经理人之所以在公开演讲时表现糟糕,是因为他们从不提前准备,全凭临场发挥,但到那时已经太迟了。就算您是全世界最优秀的经理人,如果不善于公开表达,那么又有谁会知道您是何方神圣呢?

由于绝大多数经理人都很少考虑提高自己的公开演讲能力,所以只要您掌握了个中诀窍,便可以胜过其他人一筹。很多人都害怕公开演讲,避之唯恐不及。不仅是经理人,很多人都患有"演讲恐惧症"。事实上，如果将人类的各种恐惧症列成清单，那么对公开演讲的恐惧肯定十分靠前。

作为新晋经理人，也许您在某些对外场合中可以不必抛头露面，但在公司内部，您就无路可退了。比如您可能需要在部门会议上解释公司的某项新政策、在某位团队成员的退休晚宴上致辞、在客户或董事会面前进行演示、顶替因病缺席的上司发表讲话等。有些经理人会想方设法逃避公开演讲，比如满怀心机地安排自己出差或休假等。有些人终其职业生涯都在盘算着如何让自己完美避开任何公开演讲的场合。可如果他们能够掌握足够的演讲技巧，巧妙地利用演讲彰显自己的优势，这不是更好吗？

许多人并没有意识到，学习成为一名出色的演讲者，还可提升自己随机应变的能力。设想一下，如果在某些公开场合，突然有人请您讲两句话，您将如何应对？

加强演讲能力的培训可能无法化解您内心的紧张焦虑，但却可以让您展现出强大的气场。

如何培养演讲能力

有三种具体方法可以帮助您学习演讲技巧：参加演讲俱

乐部（如美国的"国际演讲协会"）、报名培训课程以及聘请专业教练。

参加演讲俱乐部是一种常见的提高演讲技巧的方法。以美国的国际演讲协会为例，它是一个非营利性组织，致力于通过当地俱乐部提供的训练和反馈，提升俱乐部成员的公开演讲能力和领导力。国际演讲协会的会费低廉，其俱乐部遍布世界各地。您只要在网上简单搜索一下，就可以快速定位自己所在地区的俱乐部。

国际演讲协会中，既没有专业导师，也不设工作机构，只有一群希望提高演讲能力的同好。您只需要缴纳半年的会费，便可以获得一套入门教材。您可以按照自己的节奏安排学习，同时会员们还会建立一个互助小组，小组成员不但是您的忠实听众，还会通过提出建议和正式评估等方式帮助您取得进步。

国际演讲协会的另一大亮点就是所谓的"即兴演讲"。此类活动旨在提高会员的即兴演讲能力。每次活动开始时，话题主持人会邀请不同的会员（通常是当天晚上没有正式演讲任务的人员）上台即兴演讲，就某个临时指定的话题，发表 2~3 分钟的评论，而且该会员只有很短的时间准备。即兴演讲是一种非常有益的练习，它不但可以培养您的演讲技巧，还可以同步提升您的自信心。

参加类似演讲俱乐部的另一大收益就是您将会结识来自本地各行各业的朋友，建立一张非正式的人际关系网。演讲俱乐部在全世界都很流行，想要在您所在的地区找到一些演讲俱乐部并非难事。

培养公开演讲能力的第二种方法，是参加演讲技巧训练营或大学里的专业课程。如果贵公司制订了员工培训计划，那么里面通常都会包括演讲技巧培训。此外，还有一些专业机构也会提供优质的培训课程，美国管理协会（也即本书英文原版的出版方）就是其中之一。美国管理协会每年都会在世界各地举办多场演讲技能研讨会。

成为优秀演讲者的第三种方法是聘请一对一的私人教练。您可以自行或通过公司聘请专业的演讲教练，为您提供私人指导和训练。专业的演讲教练不但会帮助您提升演讲技巧，还会在演讲内容方面为您出谋划策。他们一般都收费高昂，但却物有所值。您可以请人力资源部门帮忙物色合适的教练人选。

想要提升自己的演讲技巧，并非只有以上三种途径。还有一些其他方法，包括阅读书籍、观摩专业演讲、向公司内部的演讲大神求教、购买多媒体教程、在线观看专业演讲者的视频等。不管怎样，想要提高自己的演讲能力，归根结底还是得锻炼自己在众人面前开口的勇气。纸上得来终觉浅，绝知此事要躬行。只要成功克服内心的恐惧和犹豫，不断加强实践锻炼，您的演讲能力和自信心便会与日俱增。

临阵磨枪

目前为止，您可能会说，以上建议都很好，可是我下周就要做演讲了，该怎么办呢？下面将介绍一些公开演讲时需要注意的基本事项，供您参考：

- 明确演讲的目的，并用一句话加以总结。有关演讲目的的描述必须清晰明确，长度应控制在一句话以内。一般来说，演讲的目的可以分为两大类：传递信息和激励鼓舞（抑或两者兼而有之）。前者包括介绍某项事物、解释某个流程或是演示某种操作等；后者则旨在对听众的心态产生积极影响。当您试图用一句话来概括演讲目的时，请牢记上述两类。

- 制订主旨大纲。许多研究表明，听众一般只能记住一个主要观点和三个分论点，因此您应当尽可能让自己的演讲凝练紧凑。

- 在准备和进行演讲时，请谨记以下至理名言。先预告演讲内容（开门见山），然后陈述演讲内容（突出主体），最后总结演讲内容（首尾呼应）。尽管都是些老套路，但这些策略非常管用。绝大多数听众在接收信息时都需要多次强调才能记住。此外，在开场时对演讲内容做简要概括，有助于听众更好地接收您的后续信息。

- 事先开展听众背景调查。弄清楚听众身份、参会原因、兴趣爱好、学术水平、观念态度、文化背景、年龄结构等。您事先对听众的情况了解得越多，准备工作的质量就会越高。如果您认为有必要提前了解听众对某一特定问题的看法，那么不妨通过电话或网络等方式开展一些前期调查，这对您了解听众的想法和态度很有帮助。

- 演讲过程中注意观察听众，留心听众的反应。他们是面带微笑、饶有兴趣，还是坐立不安、一脸茫然？或是与邻座叽叽喳喳，自顾自玩手机，甚至直接离席而去？您可能需要根据听众的不同反应调整您的演讲风格，比如调高或调低音量、加快或减慢语速、长话短说或娓娓道来、加强或柔化语调等，总之要根据实际需要做出必要的调整。

✎ 如果您需要播放幻灯片，请不要对着幻灯片讲话，而应面向观众。许多新手经理人都会在这一点上犯错。多媒体课件只是一种辅助手段，您才是全场的主角。没有什么比傻站在讲台上念幻灯片更无趣了，这样做也让您看起来更像是一个新手。幻灯片的作用是突出您的观点，而不是充当您的提词器或演讲稿。如果您使用 PowerPoint 或其他应用软件编辑幻灯片，请注意严格控制每张幻灯片的字数，并将字体尽可能放大。难以阅读的幻灯片足以直接毁掉一场演讲。笔者曾遇到过一个最糟糕的案例就是有人将一张模糊不清的电子表格粘贴在幻灯片上，然后用激光笔在每个单元格上指指点点，试图做出说明。其实正确的做法应当是，从电子表格的数据中总结出三四个要点，再通过幻灯片的方式呈现出来。

- 练习，练习，还是练习。如果您能够对演讲内容烂熟于心，那么正式登台时便会更加轻松自如。不过千万不要机械背诵演讲稿，万一中途忘词可就麻烦大了。对此，您可以携带几张便条或手卡，用以提示演讲进度和要点。

- 随机应变。您永远不知道演讲现场会出现哪些状况。比如因设备故障导致您精心准备的幻灯片或视频无法播放，那么您必须立刻重新制定演讲策略；再比如您本来设计了小组讨论环节，谁知听众席的座位是固定的，无法移动，那么您必须赶紧采取备选方案，否则您的演讲还没开始就已经失败了。如果想要判断自己是否已经做好准备，一个很好的办法是尝试使用一半的预定时间完成演讲。这种演练有两大好处，一是让您对演讲的核心要点掌握得更熟练；二是防止您的演讲时间被临时削减。这种情况时有发生，比如排在您前面的某位高管发言严重超时等。

- 演讲时请让自己表现得神采奕奕、活力四射、陶醉其中。如果您自己都无法达到这种状态，更别指望能够调动起听众的兴趣和热情了。在语气和活力的运用上要营造出一种交流感，而非简单地照本宣科，这样效果才更好。最后，别忘了一定要面带微笑。

额外收益

试问，在您认识的所有同事以及其他人中，有多少位杰出的演讲者？即使有，估计也是凤毛麟角吧。所以，为什么不让自己也成为为数不多的佼佼者之一呢？拥有了出色的演讲能力，您不但可以显著提升自己的晋升概率，还有机会在当地社区和整个行业中崭露头角（事实上，来自公司外部的升迁机会反倒可能来得更快）。想想看这些对您来说意味着什么。正所谓"千军易得，一将难求"，时代呼唤优秀的领导者，而优秀的领导者，大都善于在公开场合发表令人心悦诚服的演讲。您理应让自己成为其中的一员。

第四十章

那些肢体语言告诉我们的基本知识

了解关于肢体语言的基本知识,将有助于提高您的管理能力。本章仅做一些入门介绍,如需了解更多,可以参阅市面上许多相关主题的书籍。

只需要对肢体语言做一番基本了解,便可以帮助您更好地理解他人和表达自我。简单来说,肢体语言可以分为两种基本类型:开放式和封闭式。

具体来说,开放式肢体语言表达的是邀请和欢迎,通过某些动作和声音特质令对方心情放松,并产生信任感。比如有些人善于通过微笑、眼神以及某些仪态来表达欢迎。您可能就是其中之一。

开放式肢体语言的例子包括:

- 眉开眼笑。眼角的皱纹都笑出来了。
- 手掌和手臂张开,自然而放松地放在身体两边,而非试图遮挡或保护身体。
- 频频点头，眼神专注，示意继续对话。
- 在交谈过程中情绪平静，没有或很少出现紧张或自我安抚的动作。
- 对话者之间很少有或没有隔挡或屏障。一场酣畅淋漓的交流通常是没有必要刻意设置屏障的。

另一方面，封闭式肢体语言表达的则是收敛乃至规避。其动作和声音特质往往会让人心生戒备。

将上述开放式肢体语言的各种表现反过来，便得到了封闭式肢体语言的例子：

- 皮笑肉不笑。眼神游离不定。
- 双手握拳、双臂紧贴身体，有时还会交叉置于胸前。
- 要么目光闪躲，要么瞪眼。
- 坐立不安，或是做出按压笔帽、搓手等动作——这可能是在暗示当事人的不耐烦或紧张情绪。
- 在自己与他人之间设置一些物理屏障，比如桌子、电脑、电话等。还有一种无形的屏障就是在别人说话时把身子扭向一边,做出所谓"冷眼旁观"的姿势。

根据实际情况的不同,两种类型的肢体语言都可以在管理工作中发挥自己的独到作用。当您希望与他人积极互动时,可以充分运用开放式肢体语言;而当您希望与某位员工保持距离时,则可适当使用封闭式肢体语言。不过商务场合中请谨慎使用封闭式肢体语言,即使只是下意识的举动,但其传递出的信号却十分强烈,或多或少都会引起对方注意。

无论您想传递哪种信息,都应避免让自己看起来很紧张。最好的办法就是总结一下自己在感到不适或紧张时会做出哪些表现,比如搓手、摸耳朵、用手捋头发、摆弄纸张或活页夹、抖腿等。大多数人都会有类似的表现,这没有什么大不了,只要您意识到自己的问题就好。如果身边有可信之人,不妨请他帮您一起分析症状,毕竟有些下意识的行为可能是您难以自察的。

当您与他人交流时,请注意对方的开放式和封闭式肢体语言,以及不同肢体语言之间的转换变化。请暗自思忖一下,对方肢体语言上的变化是由什么原因导致的。同时也要注意,自己在语速语调和体貌体态上的变化会给您的谈话对象带来怎样的影响。

再次提醒一下,本章对肢体语言的介绍仅是简单的科普,如果您对此感兴趣,请自行查阅更多信息。

第一次管人
THE FIRST-TIME MANAGER

第六部分　爱工作，也要爱自己

管理工作非常辛苦，所以请一定要对自己好一点。

第四十一章

应对压力

许多新手经理人自认为能够安排好工作和生活,从而让自己毫无压力。然而压力是不可避免的,你不找它,它也会来找你,所以关键在于如何应对压力。您不可能掌控一切挑战,但至少可以掌控自己应对挑战的方式。

工作压力源自何方

造成工作压力的原因数不胜数,每个人在面对困境时的反应都各不相同,而所有能够对我们的身心造成负面影响的因素都会带来压力。以下列举了一些典型的工作压力:

- 老板不做指示,或下达的指令自相矛盾;
- 电脑故障;
- 工作被频繁打断;
- 工作重点不断变化;

- 公司高层频繁更替；
- 公司合并；
- 裁员；
- 重组；
- 公司内斗；
- 时间紧迫；
- 业绩压力；
- 时间管理不力；
- 因个人问题影响到工作；
- 长期加班。

关于上述许多压力，您本人肯定没少体验吧。

缓解压力

说到压力，一个有趣的事实是：初出茅庐的经理人所遇到的许多种压力，将会随着个人资历的不断积累而变得越来越稀松平常。这种现象印证了一个观点，即导致压力的并非具体的事件本身，而是当事人经验和应对能力不足。二者之间的差异十分微妙，但性质却截然不同。了解到这一点，也许会对您缓解管理生涯初期经受的各种压力有所帮助。

请试着回想一下您学车的经历：第一次手握方向盘时，您的压力一定很大。不过随着经验的积累，您的驾驶技术不断提高，直到有一天您会觉得开车就如呼吸、睡觉一般自然。从中可以看出的是，具体的事件并没有发生变化，变化的是您的经验和应对方式。

经理人应对压力的方式是其管理风格的一个缩影。有些经理人一遇到压力便眉头紧锁、不苟言笑，摆出一副冥思苦想的模样。这种做法将使整个团队都笼罩在一团阴霾之下；反之，即使在重压之下仍能和颜悦色、谈笑自若的经理人，则会给每位下属都带来信心。

人在紧张不安的状态下很难保持头脑清醒，而这种状态反过来又会加剧事态的恶化。这就是所谓的"雪上加霜"：首先您面临一个"压力山大"的局面，然后您的消极反应又进一步加大了解决问题的难度。

此外还有一层负面影响：人们会根据您处理问题时的表现评价您的能力。所以您越是战战兢兢，就越有可能获得差评，这不得不说也是一种压力。当然，告诉自己不要紧张，就如同劝慰别人不要担心一样，都是说起来容易，做起来难。

德国哲学家尼采曾说过:"那些杀不死你的,终将使你变得更强大。"我们也都听过一句古语:"艰难困苦,玉汝于成。"一旦您成功战胜压力,便能够体会到这些话里蕴含的真理。而想要战胜压力,首先要战胜内心的恐惧。恐惧是滋生压力的温床,必须坚决将其破除。

化压力为动力

想要成功战胜压力,您必须学会化压力为动力。如果您需要长期面对各种压力环境,那么以下七条建议值得您借鉴:

1. 不要把事情变得更糟。不要因惊慌失措导致进退失据,一时冲动做出的决策可能会使事情变得更糟。

2. 深呼吸。做几次深呼吸,让自己放松下来。说话时放慢速度(即使这样做有些别扭),能够有效地安抚身边人的情绪。他们会认为"老大现在淡定得很,我们也别慌"。

3. 先做重要的事。分析当前状况,找出两到三个可以立即解决的关键性问题,妥善处理之后便可缓解紧张局势。之后,在处理后续问题时便能更加从容。

4. 合理分配任务。将两到三个主要问题委派给几位团队成员分头处理，然后再合并归集。
5. 寻求建议。向有经验的团队成员或团队以外的靠谱同事咨询对策。
6. 保持冷静。关注问题本身，而非纠结于自己的反应。
7. 扮演智者。想象自己是一位演员，正在扮演一名英明睿智、沉着果敢的管理者。请让自己充分入戏，将这一角色演绎到极致。久而久之，您便与角色本身合而为一了。

相信自己

当上经理人以后，您需要处理的问题会比晋升之前更棘手。而恰恰是因为问题棘手，并非人人都能解决，所以才需要您这样有能力应对难题的人来处理。随着您的管理层级不断提升，面临的问题也会愈发复杂（至少表面上如此）。不过不用担心，您所积累的丰富经验会帮您化解掉大部分的压力。当具备了一定的管理经验后，您对同样问题的处理方式会比初上任时老道得多。总之，情况会变得越来越好，您的工作能力也会越来越强。

在管理生涯初期，仅仅是接到任务便会令人压力陡增。这就是为什么许多新手经理人看起来都一脸紧张，仿佛他们的肩膀上担负着整个世界。虽然这种对待工作如履薄冰的精神可圈可点，但如果精神过度紧张，反而会适得其反。毕竟您只不过是在安排下属完成既定任务、实现预期目标，而非带领一帮敢死队队员去战场上和敌人拼命。

作为一名新晋经理人，一个最佳的策略就是：放轻松。

第四十二章

平衡工作与生活

新晋经理人往往会对新的岗位职责异常上心,每天都会全力以赴投入工作,甚至不眠不休。这种敬业精神是经理人锐意进取、渴望成功的标志,着实令人钦佩。

然而,健康的生活必须保持工作和休息的平衡。事业固然重要,但它并不是您生活的全部。事实上,爱工作,就要先爱自己,二者是密不可分的。

当您询问别人的身份时,他们会很自然地告诉您自己的谋生手段,如牙医、会计师、律师、销售员、经理、理发师、卡车司机等。然而,生活的悠长旋律中绝不应当只有"职业"这一个音符,如果您让无休止的工作占满了自己的每一天,那么是时候做出改变了。

许多人在退休之后便失去了自我认同和存在感,因为对他们来说,工作就是生活的全部,失去了工作就失去了一切,这可真是一个悲剧。只知道一门心思扑在工作上,这样的人生是不完整的。虽然对以前的工作岗位（尤其是喜欢的工作）恋恋不舍是可以理解的，但是退休绝不意味着人生从此失去了意义和价值。

一个满脑子只有工作的人是单调乏味的，也绝不会比一个涉猎广泛的经理人更加优秀。当然，在刚上任的前几个月里忙得昏天黑地是很正常的，但在成功度过磨合期后，您就应当逐步扩大自己的兴趣和涉猎范围。

参与社区工作

所有有志从事管理工作的人都应当积极参加社区活动。您应当明白"人人为我、我为人人"的道理，它同样适用于您的专业发展。比如您可以通过某些专业协会，为社区工作出一份力。这种做法除了能够帮助他人、奉献社区、促进行业发展以外，往往还会附带一些其他好处，比如提升自己在社区和业内的知名度、夯实自己的专业基础、结交更多的人脉和朋友等。这不但会拓宽您的群众基础，还会提升您的晋升概率。越高阶的管理职位，对领导力的要求也就越高。因此，社区和专业协会内部的管理职位都是非常理想的锻炼机会，许多公司的高层都很看重这些背景。

公司在提拔人才时，如果发现一众候选人工作能力都不相上下，那么他们在公司内外事务中体现出的领导才干就可能会成为决定天平倾斜的关键砝码。如今，许多公司都会批给员工一些脱产时间，用于参加公司认可的社区服务项目。

业余阅读

学习业务知识至关重要，而在业余时间博览群书也同样重要。经理人应当是一位见多识广的公民，了解自己国家和所在省市的一些时事。所以您需要经常浏览新闻网站、报纸、杂志、行业公众号等，总之就是要了解世界。毕竟世界上发生的许多事情都可能直接或间接影响到贵公司的发展。

偶尔读些高质量的文学作品也颇为有益。阅读文笔优美的著作有助于提高您的写作能力；您还可以从优秀作家的深刻笔触中领略到人性的混沌复杂；此外，阅读也是一种积极健康的消遣活动。有些经理人会让团队成员共同阅读有关领导力、沟通能力，或是其他业务方面的著作，并在部门会议或集体活动时互相交流读书心得。这种做法可以让经理人更好地了解团队成员，从而有助于打造一支更加高效的团队。

每个人，无论处于人生的哪个阶段，都应当保持精神上的强健与机敏。为了更好地实现这一目标，您不妨广泛培养自己的兴趣爱好，阅读就是一个不错的选择。

合理区分工作与生活

您必须有决心、有能力将工作与生活区分开，工作归工作，生活归生活。在工作之外，您还需要培养自己的兴趣爱好，以及参加其他业余活动，比如参与有益且有趣的健身项目、通过加强锻炼缓解压力等。

有时您难免也需要把工作带回家里，比如晚上在家收发电子邮件等。如果能不把工作带回去当然最好，但在现实生活中却很难避免。无论如何，上班的时候请全力以赴，尽量不给自己留"家庭作业"。也不要陷入白天上班摸鱼，晚上回家赶工的怪圈。当您不得不回家办公时，也要划出明确界限，比如设定具体的时间段，并严格遵照执行。总而言之，您需要维持健康平衡的个人生活，不要被带回家的工作任务搅乱了节奏。不得不说，随着科技的不断进步，想要在工作与生活之间求得平衡变得越来越有挑战性。

互联世界与平衡生活

想要在当今的互联世界中求得工作与生活的平衡，您就需要进一步加强人际沟通的目的性和针对性。无论是好是坏，现代科技已经让全天候响应工作成为可能。如果不想被这种时刻"在线"的状态破坏您的生活，您就必须做好以下两个方面。一方面是充分调动您的自律能力，让自己在某些时段强行"下线"。如果您无论何时、无论多晚收到新邮件或信息，都忍不住要立刻查看和回复的话，那么健康平衡的生活便会与您渐行渐远。

另一方面是学会"调教"您的同事。请理直气壮地告诉您的同事，自己在某些特定的时间段是不处理公务的——紧急事件除外。然后，您也要养成定时将手机调成静音，或是放在其他房间的习惯，让自己眼不见为净。不过这种做法可能会遇到一个问题，就是如何与不在同一时区的同事和客户打交道。其实倒也不妨直接告诉他们，您只有一部分工作时间是与他们重合的，所以他们有可能在自己的工作时间找不到您，因为您那边已经到了下班时间，该好好休息和享受个人生活了。

此外，如果不幸遇上那种不分时间、场合，想打电话就打电话骚扰别人的低情商同事，也挺让人头疼的。对待这种同事，您应当明确告知对方，自己在某些时间段是不看手机的。如果对方在下班时间发来消息，您也不要立刻理会，留待次日上班再处理。如此一来，即使是再不明事理的人，也会渐渐意识到无法在某些时间段联系上您。

如何平衡工作与生活，关键要看您自己。如果您无法保持自律，无法让自己定期"离线"，无法对同事的肆意打搅说"不"……那么您就只能眼巴巴地看着自己的个人生活被一口一口吞噬殆尽。这是您的"个人选择"。

第四十三章

经理人的风度

"风度"一词的含义有很多。对于经理人来说,"风度"指的是"一个人举手投足之间流露出的风雅与气度"。一言以蔽之,经理人或管理者的风度就是——有所为,有所不为:

- 所谓风度,就是给予员工应有的尊重,而非把人当作生产工具。
- 所谓风度,就是一种无关社会地位高低的行为品格。
- 所谓风度,就是即使受到冒犯,也能保持优雅,不口出恶言。
- 所谓风度,就是和光同尘,不以自我为中心、不嫉妒。
- 所谓风度,就是拒绝低级趣味和种族歧视。
- 所谓风度,就是不在办公场所拈花惹草,与异性同事独处时避免言行轻佻。

- 所谓风度,就是无论心里有多不满,都不会四处诋毁公司形象。
- 所谓风度,就是出淤泥而不染。
- 所谓风度,就是保持冷静,不会一时冲动把事做绝。
- 所谓风度,就是闻过则喜,善于从错误中汲取营养,继续前行。
- 所谓风度,就是强调团队,淡化自身。
- 所谓风度,就是彬彬有礼。
- 所谓风度,就是懂得尊重自己、尊重他人。
- 所谓风度,就是从不贬低配偶和搭档。贬损他人只会矮化自己。
- 所谓风度,就是对员工以诚相待。
- 所谓风度,就是认同工作只有分工不同,没有贵贱之分。
- 所谓风度,就是冷静决策,绝不冲动行事。头脑一旦发热,便会有失风度。
- 所谓风度,就是己欲立而立人,己欲达而达人。
- 所谓风度,就是得意时淡然,失意时坦然。
- 所谓风度,就是求真务实,努力做到言行一致。

第四十三章 经理人的风度

- 所谓风度，就是拒绝踩着别人的肩膀往上爬。
- 所谓风度，就是以身作则。
- 所谓风度，就是微笑面对整个世界。

结　语

　　本书就经理人如何做好日常管理工作进行了深入探讨，涉及的话题林林总总，但难免挂一漏万，无法涵盖实际工作中（哪怕是您履新的第一周内）可能遇到的每一个问题。

　　此类书籍不是百科全书，无法面面俱到。即便如此，笔者仍然希望您可以从本书中获取一些提升管理技巧的启发，从而使您的管理工作平添更多的意义和乐趣，并得到更多的理解和支持。您可能会觉得本书对工作态度和价值观的探讨占用了太多篇幅，但这恰恰是决定管理工作成败的关键所在——态度决定一切。

　　有些人相信宿命，认为命运可以改变人，而人改变不了命运。倘若如此，人生还有什么意义呢？不过是把自己活成了一个傀儡、一个被"天意"操控的提线木偶。然而事实并非如此。也许我们控制不了生活中的诸多不可抗力，但我们控制得了自己的思想和态度，我们的主观能动性决定了我们以怎样的姿态迎接命运的挑战。

我们在这本书中所讲的都很坦率。我们绝不会画饼说："只要您努力工作、洁身自好，就一定会平步青云。"然而，如果您能够对书中介绍的一些基本原理加以重视而非置若罔闻，那么您就会拥有更大的胜算。这个世界并非绝对公平，不是所有的付出都能有回报。但反过来说，如果您整天都在守株待兔，幻想着天上掉馅饼，那就彻底与成功无缘了。

我们每个人都必须不断成长。虽然本书重点探讨的是如何管理员工，但让自己的人生更加完满同样重要。您的职业发展有助于您实现这一目标，因为工作是您生活中举足轻重的组成部分。我们固然不必屈就于自己根本不喜欢的工作，但同时也必须清醒地认识到，任何一种职业都会存在这样或那样令人不满意的地方，关键在于如何权衡利弊。如果某项工作绝大部分都是让您兴致盎然、乐在其中的，那么不妨对它的一些小缺点多多包容；反过来，如果您对某项工作横看竖看都不顺眼，那么您显然入错了行，赶紧另谋高就吧。人生苦短，何必把宝贵的时间和精力都消耗在一个让自己备受折磨的职业上呢？

当然，也有很多人始终坚守在自己不喜欢的工作岗位上，只为退休后可以拿到一笔数额不菲的退休金。可是，如果工作时总是闷闷不乐，甚至积郁成疾，那么就算退休金再丰厚，又有什么意义呢？更何况，万一发生什么意外，导致退休金泡汤，或是金额远远低于预期呢？

还有一些人，一直对手头的工作满腹牢骚，却从不考虑改换门庭，因为他们对未知和变化的恐惧，胜过对现实工作的厌恶。对于这些人来说，确定的事物即使再糟糕，也比不确定的要好。

亚伯拉罕·林肯曾经说过："幸不幸福，往往只在人们的一念之间。"这句话与本书所提倡的"态度决定一切"有异曲同工之妙。

许多人在步入中年以后，开始思考自己有没有对世界做出过什么贡献，然后失落地发现自己竟是如此无关紧要。他们难免会自怨自艾："我只不过是一家五金公司的部门经理，能有什么了不起呢？"是的，这么说来是没什么了不起，但其中的症结在于，他们问错了问题。正确的问法应该是："在日常工作和生活中，我是否对身边的人有过帮助或影响？"

如果您的答案是肯定的，那么无论您从事哪种职业，都并不重要。因为您的人生价值既不挂在公司的牌匾上，也不印在产品的包装外,而是镌刻在身边所有人的心里。此外,即使身居要职,也不代表高人一等。高管也好,中层也好,都既是领导者又是服务生。只不过有些高管作威作福惯了,已经忘了自己的履职清单里还有一项重要的责任,叫作"服务他人"。

建立适用于每位员工的管理体系,是在服务员工;维护高效合理的薪酬管理和绩效考核机制,是在服务员工;想方设法将公司需求与团队成员的职业抱负结合起来,是在服务员工;为了让员工的业余时间过得充实而制订丰富多彩的度假计划,是在服务员工;精心招聘和培训团队成员,还是在服务员工。

我们都知道,政府部门的官员在拥有权力的同时,也肩负着服务民众的职责。这一道理同样适用于管理领域。"领导员工"和"服务员工"这两个看似对立的概念,实际上是相辅相成的。如果您能够巧妙把握二者之间的平衡关系,那么就会以一种平常心看待自己的管理角色,避免自视过高,这也有利于您把工作做得更好。

成为经理人并不意味着您的智商从此一飞冲天,但您可以通过不断积累经验让自己变得更有智慧。如何定义进步并不重要，持续取得进步才最重要。正所谓熟能生巧，经验越多，事情就做得越稳。

还有一条非常基本，却值得反复强调的建议：学会将心比心，您将受用不尽。多让自己换位思考，倘若与下属互换身份，您希望自己被怎样对待呢？

最后，衷心祝愿您在管理岗位上大获成功，要知道您的下属除了吃饭睡觉以外，大部分的时间都在追随着您。您有责任和义务带领好他们，而您的所有成功也都源自这一份责任。衷心希望本书能够帮助您顺利开启职业生涯里一个激动人心的新篇章。请尽情享受您的经理人之旅吧。祝您好运！

图书在版编目（CIP）数据

第一次管人：如何帮助零基础经理人解决95％的管理难题 /（美）洛伦·B. 贝克尔,（美）吉姆·麦考密克,（美）加里·S. 托普奇克著；鲁申昊译 . -- 北京：九州出版社, 2024.11. -- ISBN 978-7-5225-3242-4

Ⅰ . C93

中国国家版本馆 CIP 数据核字第 2024SC8340 号

THE FIRST-TIME MANAGER (SEVENTH EDITION) by
Loren B. Belker, Jim McCormick, and Gary S. Topchik
Copyright © 2018, 2012, 2005, 1997, 1993, 1986, 1981 HARPERCOLLINS LEADERSHIP
This edition arranged with AMACOM through Big Apple Agency, Inc., Labuan, Malaysia.
All rights reserved.

著作权合同登记号：图字 01-2024-4831

第一次管人：如何帮助零基础经理人解决95％的管理难题

作　　者	［美］洛伦·B. 贝克尔　［美］吉姆·麦考密克 ［美］加里·S. 托普奇克　著　　鲁申昊　译
责任编辑	周　春
出版发行	九州出版社
地　　址	北京市西城区阜外大街甲 35 号（100037）
发行电话	（010）68992190/3/5/6
网　　址	www.jiuzhoupress.com
印　　刷	小森印刷（天津）有限公司
开　　本	889 毫米 × 1194 毫米　　32 开
印　　张	13
字　　数	203 千字
版　　次	2024 年 11 月第 1 版
印　　次	2024 年 11 月第 1 次印刷
书　　号	ISBN 978-7-5225-3242-4
定　　价	62.00 元

★ 版权所有　侵权必究 ★